直播

产业的魔方

葛勇◎著

河北大学出版社
·保定·

直播产业的魔方

ZHIBO CHANYE DE MOFANG

出 版 人：朱文富
责任编辑：李　达
助理编辑：李天雪
装帧设计：杨艳霞
责任校对：杜启昌
责任印制：常　凯

图书在版编目（CIP）数据

直播产业的魔方 / 葛勇著. -- 保定 : 河北大学出版社，2021.4
ISBN 978-7-5666-1840-5

Ⅰ. ①直… Ⅱ. ①葛… Ⅲ. ①网络营销－产业发展－研究 Ⅳ. ① F713.365.2

中国版本图书馆 CIP 数据核字 (2021) 第 075860 号

出版发行：河北大学出版社
地址：河北省保定市七一东路 2666 号　邮编：071000
电话：0312-5073019　0312-5073029
邮箱：hbdxcbs818@163.com　网址：www.hbdxcbs.com
经　　销：全国新华书店
印　　刷：三河市明华印务有限公司
幅面尺寸：160 mm × 230 mm
印　　张：12.25
字　　数：144 千字
版　　次：2021 年 4 月第 1 版
印　　次：2021 年 4 月第 1 次印刷
书　　号：ISBN 978-7-5666-1840-5
定　　价：45.00 元

目　　录

第二部分　网络直播平台与商业模式

第三部分　内容生产："直播＋"的跨领域运用

第四部分　内容主体：网红带来的粉丝经济

第五部分　消费升级下的新生代互联网直播用户

第六部分　网络直播产业发展趋势与展望

第一部分

中国网络直播产业发展与环境分析

一个产业的诞生往往源于新技术的出现，而真正促成该产业形成规模的决定因素却并不限于技术本身。正如今天的网络直播产业，其诞生源自信息技术的更新迭代，而其成长则是因为顺应了国民经济诸多产业的数字化转型需求。立足于中国本土现状，我国网络直播产业在国民经济总体稳步向好发展、产业结构不断升级、高新技术飞速发展等外部条件的共同作用下，也演变出更为成熟的产业链条、发展模式，呈现出更为清晰的发展特征。现阶段对网络直播产业的外部发展环境进行较为全面的剖析可以帮助我们从大的宏观格局观察该产业在社会经济发展中所处的位置，从而有利于我们更为精准地把握其定位与产业特征。

一、中国经济与互联网发展状况

（一）稳中向好的中国经济发展轨迹

1. 改革开放40余年中国经济实现跨越式发展

2020年是具有里程碑意义的一年。我们将全面建成小康社会，实现第一个百年奋斗目标。回顾过往，中国经济的发展轨迹清晰可见。1978年12月，党的十一届三中全会的召开标志着中国进入了改革开放和社会主义现代化建设的历史新时期。改革开放政策实施以来的40余年的时间里，中国的国民经济发展迅猛，经济总量连上新台阶；中国人均国民总收入总体达到中等偏上收入国家水平；中国的综合国力和国际影响力显著提升，实现历史性跨越。

2019年，中国国内生产总值（GDP）达到990 865亿元，比上年增长6.1%，这一“成绩单”表明，中国经济稳中向好、长期向好的基本趋势没有改变。这种趋势既是对现实的反映，也昭示着中国经济未来的走向。坚持中国特色发展优势、新发展理念不动摇，中国经济完全有能力、有条件、有基础应对各种风险挑战，实现持续健康发展，确保全面建成小康社会和“十三五”规划圆满收官。

稳中向好的同时，中国经济正转向高质量发展道路，转型升级成效显著。2019 年，规模以上工业战略性新兴产业增加值增长 8.4%，规模以上工业高技术制造业增加值增长 8.8%，分别快于全部规模以上工业增加值增速 2.7 个百分点和 3.1 个百分点。此外，我国新兴产业发展势头良好，2019 年前 11 个月，规模以上战略性新兴服务业、高技术服务业和科技服务业营业收入增速分别为 12.4%、12.0%和 12.0%。与此同时，我国新业态新模式发展动能也持续增强，2019 年全国网上零售额增长 16.5%，其中实物商品网上零售额增长 19.5%，占社会消费品零售总额的 20.7%，比上年提高 2.3 个百分点。

（1）GDP 稳居世界第二

2019 年，中国 GDP 按年平均汇率折算达到 14.4 万亿美元，稳居世界第二位，比上年增长 6.1%，中国经济增速明显高于全球经济增速；中国经济对世界经济增长贡献率为 30.0%左右，成为持续推动世界经济增长的主要动力源。

除国内生产总值外，中国的人均 GDP 也取得了重大突破。2019 年，中国人均 GDP 为 70 892 元，比上年增长 5.7%，按年平均汇率折算达到 10 276 美元，首次突破 1 万美元大关，与高收入国家差距进一步缩小。国民总收入达 988 458 亿元，比上年增长 6.2%。人均国民总收入由 1978 年的 200 美元提高到 2019 年的 10 410 美元，首次突破 1 万美元大关。可以见得，我国目前已稳居中等收入国家行列，正在向高收入国家稳步迈进。

（2）第三产业增加值持续增加，消费支出贡献过半

我国的经济发展不仅体现在经济量级的飞跃上，也体现在第三产业的巨大发展潜力和与日俱增的消费支出贡献上。在量级上，2019 年，我国第一产业增加值为 70 467 亿元，比上年增长

3.1%；第二产业增加值为386 165亿元，比上年增长5.7%；第三产业增加值为534 233亿元，比上年增长6.9%。第一产业增加值占GDP比重为7.1%，第二产业、第三产业增加值占GDP比重分别为39.0%与53.9%。全年最终消费支出对GDP增长的贡献率为57.8%，资本形成总额的贡献率为31.2%，货物和服务净出口的贡献率为11.0%。在效率上，2019年，全国万元GDP能耗比上年下降2.6%，全员劳动生产率为115 009元/人，比上年提高6.2%。2019年，我国的社会消费品零售总额为411 649亿元，比上年名义增长8.0%，扣除价格因素实际增长6.0%。其中，除汽车以外的消费品零售额为372 260亿元，增长9.0%。

（3）经济保持稳中向好态势，经济结构继续优化升级

除此之外，我国的经济结构也在不断优化升级。从三大产业构成看，我国第三产业增加值较高。2019年，三大产业增加值占GDP的比重与上年同期相比，第一产业比重下降了0.5个百分点，第二产业比重提高了0.2个百分点，第三产业比重提高了0.3个百分点。2019年上半年，三大产业对经济增长的贡献率分别为2.8%、36.7%和60.5%，与上年同期相比，第一产业和第二产业贡献率分别下降0.3个百分点和1.1个百分点，第三产业贡献率提高1.4个百分点，第三产业对经济增长的贡献率比第二产业高23.8个百分点，服务业对经济增长持续发力。

在工业方面，2019年，高技术制造业增加值为8.8%，战略性新兴产业增加值为8.4%，其增速分别比规模以上工业快3.1个百分点和2.7个百分点。在投资方面，高技术产业投资增长17.3%，快于全部投资11.9个百分点，其中高技术制造业和高技术服务业投资分别增长17.7%和16.5%。

回顾我国经济的近期发展走势，无论在“量”还是“质”

上，我们都取得了喜人的突破，中国经济始终在稳中向好的步调中稳步前进。

2. 中国经济从高速增长向高质量发展转变

在总体的经济飞跃发展趋势下，我国经济也面临着转变发展方式的攻关难题。党的十九大报告提出，我国经济已由高速增长阶段转向高质量发展阶段，正处在转变发展方式、优化经济结构、转换增长动力的攻关期，建设现代化经济体系是跨越关口的迫切要求和我国发展的战略目标。

我国能源、原材料消耗总量偏大，单位 GDP 能源消耗偏高。过往的粗放型经济增长对资源、环境造成了巨大的压力，这样的增长模式难以持续。由高速增长阶段转向高质量发展阶段，强调质量而非速度，强调发展而非增长，是有利于中国经济持续良性发展的关键性路径转变。经过持续不断的努力，目前，我国经济已经从主要依靠增加物质资源消耗实现的粗放型高速增长，转变为主要依靠技术进步、改善管理和提高劳动者素质实现的集约型增长。

高质量发展阶段表现在产业结构上，是由资源密集型、劳动密集型产业为主向技术密集型、知识密集型产业为主转变；在产品结构上，是由低技术含量、低附加值产品为主向高技术含量、高附加值产品为主转变；在经济效益上，是由高成本、低效益向低成本、高效益的方向转变。我国经济的高质量发展最终将体现为国家经济实力不断增强，居民收入较快增加，经济增长持续焕发活力等。

（二）经济发展与互联网环境

纵览全球，互联网在经济发展中占据着越来越重要的连接作用，互联网经济在世界总体经济格局中扮演着愈发重要的角色。立足于中国本土现状，我国互联网产业在经济总体稳步向好发展、产业结构不断升级、高新技术飞速发展等外部条件的共同作用下，也发生着不断的迭代与升级。

1. 全球互联网发展背景

立足于全球视野分析，网络已经成为人们日常生活中不可或缺的一部分。2019 年，全球有 45.4 亿人登录互联网，占据全球总人口的近 60%；但互联网用户同比增速已经从 2018 年的 7%下降至本年度的 6%。从近年来的趋势可以看出，全球互联网用户增速从 2014 年起开始上升，2016 年增速达到近 5 年来最高点，为 10%以上，随后增速逐年下滑。

其中，泰国互联网用户对网络的迷恋程度最高，每日联网时长可达到 6.7 小时，日本互联网用户平均每日联网时长为 6.3 小时，紧随其后。尽管互联网的普及率和利用率逐年提升，但“数字鸿沟”依然存在，全球仍有超过 30 亿人未能联网。

网络在人们的数字媒体生活中占据了越来越具有话语权的位置。网络用户在互联网上花费的时间不断增加。2017 年，美国成年人每天在数字媒体上花费 5.9 小时，高于前一年的 5.6 小时，其中约 3.3 小时用于手机。人们使用网络时间的增长直接为数字媒体消费全面增长创造了条件。

2. 中国互联网发展特点

除了顺应全球互联网高速发展的趋势外，中国的互联网发展也具有独属于我国的个性化特点。2020 年 4 月，中国互联网络信息中心（CNNIC）发布第 45 次《中国互联网络发展状况统计报告》，报告显示中国互联网发展呈现以下几大趋势。

（1）基础资源状况持续优化，安全保障能力稳步提升

我国的互联网资源整体不断优化，网络安全逐步得到更高层次的保障。截至 2019 年 12 月，我国 IPv6 地址数量为 50 877 块/32，较 2018 年底增长 15.7%，稳居世界前列；域名总数为 5094 万个，其中“.CN”下网站数量为 341 万个，占网站总数的 68.6%。2019 年 6 月，首届中国互联网基础资源大会胜利召开，“基于共治链的共治根新型域名解析系统构架”“2019 中国基础资源大会全联网标识与解析共识”等高新技术成果发布。2019 年，我国先后引入 F、I、L、J、K 根镜像服务器，极大地提升了域名系统抗攻击能力、域名根服务器访问效率，从而大幅度降低了国际链路故障对我国网络安全的影响。

（2）互联网普及率达 64.5%，数字鸿沟不断缩小

具体到互联网用户层面，截至 2020 年 3 月，我国网民规模达 9.1 亿，较 2018 年底增长 7508 万，互联网普及率达 64.5%，较 2018 年底提升 4.9 个百分点。其中，农村地区互联网普及率为 46.2%，较 2018 年底提升 7.8 个百分点，城乡之间的互联网普及率差距不断缩小。在《2019 年网络扶贫工作要点》的要求下，我国网络覆盖工程深化拓展，网络扶贫与数字乡村建设持续推进。随着我国“村村通”和“电信普遍服务试点”两大工程的深入实施，广大农民逐步跟上互联网时代的步伐，同步享受着信息社会的便利。

（3）网络零售业持续稳健发展，成为消费增长重要动力

互联网的飞速发展催生了新兴的网络经济。截至 2020 年 3

月，我国网络购物用户数达 7.10 亿，较 2018 年底增长 16.4%，占网民整体的 78.6%。2019 年，全国网上零售额达 10.63 万亿元，其中实物商品网上零售额同比增长 3.0%，实现逆势增长，占社会消费品零售总额的 21.5%，比上年同期提高 5 个百分点。在当前的经济发展模式下，网络消费作为经济的重要组成部分，在促进消费市场蓬勃发展方面正发挥着日趋重要的作用。

（4）网络娱乐内容品质提升，用户规模迅速增长

随着支持技术、用户量级、产业模式等多方面的影响，我国网络娱乐内容领域也迸发了新的发展潜力。2019 年，网络娱乐类应用内容品质不断提升，逐步适应人民群众日益增长的精神文化需求。2020 年初，受新型冠状病毒肺炎疫情（以下简称“新冠肺炎疫情”）影响，网络娱乐类应用用户规模和使用率均有较大幅度增长。截至 2020 年 3 月初，网络视频（含短视频）、网络音乐和网络游戏的用户规模分别为 8.50 亿、6.35 亿和 5.32 亿，使用率分别为 94.1%、70.3%和 58.9%。网络视频（含短视频）已成为仅次于即时通信的第二大互联网应用类型。短视频平台在努力扩展海外市场的同时，也与其他行业相结合，呈现出愈发显著的融合趋势，短视频平台在带动贫困地区经济发展方面，表现出极其重要的作用。

（5）用户需求充分释放，在线教育爆发式增长

在我国互联网的发展过程中，在线教育是不能忽视的重要一环。截至 2020 年 3 月，我国在线教育用户规模达 4.23 亿，较 2018 年底增长 110.2%，占网民整体的 46.8%。这一快速发展状况与新冠肺炎疫情的外部环境紧密关联。2020 年初，全国大中小学推迟开学，2.65 亿在校生普遍转向线上课程，用户需求得到充分释放。面对巨大的在线学习需求，在线教育企业通过发布免费

课程，线上线下联动等方式积极应对，在线教育行业呈现爆发式增长动态。数据显示，新冠肺炎疫情期间，多个在线教育应用的日活跃用户数达到千万以上。

（6）数字政府加快建设，全国一体化政务服务平台初步建成

2019年11月，全国一体化在线政务服务平台开始试运行，推动了各地区各部门政务服务平台互联互通、数据共享和业务协同。各地纷纷加快数字政府建设工作，其中浙江、广东、山东等多个省级地方政府陆续出台了与之相关的发展规划和管理办法，进一步明确了数字政府的发展目标和标准体系，为政务数据开放共享提供了依据。截至2020年3月，我国在线政务服务用户规模达6.94亿，用户总数较平台运行之初增长76.3%，占整体网民的76.8%，极大地便利了政务服务。

（7）上市企业市值普遍增长，独角兽企业发展迅速

互联网的发展也使得我国本土企业发展势头迅猛。截至2019年12月，我国互联网上市企业在境内外的总市值达11.12万亿元，较2018年底增长20.8%，创历史新高。2019年底，在全球市值排名前30的公司中，美国占据18个，我国占据9个，其中阿里巴巴和腾讯稳居全球互联网公司市值前十位。截至2019年12月，我国网信独角兽企业总数为187家，同比增加了74家，面向B端（代表企业用户商家）市场提供服务的网信独角兽企业数量增长明显。

（8）核心技术创新能力不断增强，产业融合加速推进

2019年，我国在区块链、5G（第五代移动通信技术）、人工智能、大数据、互联网基础资源等领域的核心技术自主创新能力不断增强，为产业加速融合提供了条件准备。习近平总书记在中央政治局第十八次集体学习中特别强调，要把区块链作为核心技

术自主创新的重要突破口，从而进一步推动了区块链技术在我国的应用发展。

在各个创新领域中，我国互联网行业取得了长足发展。如今，区块链技术被政府、企业与各类社会组织作为驱动创新发展的重要工具之一。在5G领域，5G商用环境持续完善，标准技术取得新突破，5G应用孵化全面启动，产业总体发展迅速，达到世界领先水平。在人工智能领域，我国的关键技术应用日趋成熟，引领各行业数字化变革。在大数据领域，我国的产业布局持续加强，技术创新不断推进，带动产业持续发展。

二、依托大国经济的互联网发展环境

（一）互联网发展规模与普及率

中国的互联网发展规模极为庞大。截至2020年3月，我国网民规模为9.04亿，其中移动互联网用户规模达8.97亿，网民中约有99.2%的人使用手机上网。

截至2020年3月，我国网络直播用户规模达5.60亿，较2018年底增长1.63亿，占网民整体的62.0%。其中，游戏直播的用户规模为2.60亿，较2018年底增长2204万，占网民整体的28.8%；真人秀直播的用户规模为2.07亿，较2018年底增长4374万，占网民整体的22.9%；演唱会直播的用户规模为1.50亿，较2018年底增长4137万，占网民整体的16.6%；体育直播的用户规模为2.13亿，较2018年底增长3677万，占网民整体的23.6%；在2019年兴起并实现加速发展的电商直播用户规模为2.65亿，占网民整体的29.3%。

在巨大的互联网用户规模下，我国互联网基础设施不断完善，数字化战略得到系统解释，互联网服务持续渗透，用户规模保持稳健增长。首先，我国互联网基础设施建设不断优化升级，网络扶贫逐渐成为精准扶贫、精准脱贫的重要途径，同时互联网产业朝着扩大覆盖范围、提升速度、降低费用的方向发展。其次，网络强国重要思想已成为我国发展互联网事业方向性、全局性、根本性、战略性的指导思想。最后，互联网与其他产业进一步融合，城市发展趋向智慧化，出行、环保、金融、医疗、家电等行业与互联网融合程度加深，线下产业链根据线上服务的反馈调整产品、服务内容和服务方式，互联网服务逐步迈向更为精细的发展方向。

网络覆盖范围扩大、连接速度提升、使用费用降低为互联网普惠化发展铺平了道路，互联网在满足人民需求方面表现得愈加强劲，据此分析，我国互联网用户规模将持续增长，互联网渗透率会不断提升。

（二）互联网行业发展景气指数有所回落，行业格局出现分化

互联网行业发展景气指数是观测互联网行业发展状况的“晴雨表”。中国信息通信研究院编制的互联网行业发展景气指数从宏观经济、基础能力、行业总体、业务发展 4 个层面选取 20 个核心指标，分类测算先行指数、一致指数和滞后指数。依托互联网行业发展景气指数，我们可以综合分析互联网行业的波动轨迹，有效监测互联网行业的发展态势，科学预测未来互联网行业的发展趋势。

1. 互联网行业发展景气指数走势分析

受新冠肺炎疫情影响，2020 年第二季度，我国互联网行业总体增长速度放缓，体现行业当期发展情况的一致指数为 105.62，环比下降 0.8 个点；体现未来态势的先行指数为 105.95，环比下

降1.65个点。两项指数均大于100，说明我国互联网行业发展仍处于景气区间，但一致指数与先行指数均出现下降的情况，表明我国互联网行业将进入转型调整的新阶段。

2. 互联网企业营收规模增速放缓

2020年第一季度，我国上市互联网企业营收总计5712.1亿元，同比增长9%，较去年同期增速下降15个百分点。在新冠肺炎疫情的影响下，超五成企业营收同比负增长，营收排名前十的企业平均同比增速16.5%，较去年同期增速下降11.5个百分点。2015年至2019年间，我国互联网企业每年的营收增速分别为45.5%、41.5%、38.1%、30.0%、22.0%，年均降幅从3%提高到8%。2020年第一季度增速降至10%以下，呈加速下滑态势。

具体到个体表现上，各大互联网企业业绩表现各异。2020年第一季度，受新冠肺炎疫情影响，互联网企业财报表现普遍强于预期，但部分企业受影响剧烈，业绩下滑。一方面，电商、数字内容等偏线上的业务继续保持快速增长。阿里巴巴、腾讯、京东第一季度营收同比增长分别为22.0%、26.0%、20.7%，哔哩哔哩第一季度营收与去年同期相比增长69.0%。另一方面，和线下结合紧密的业务营收下滑。生活服务平台美团第一季度营收同比下滑13%，其中，餐饮外卖业务营收同比下降11.4%，酒店及旅游业务营收同比大幅下降31.1%，两项主体业务受到较大影响。旅游出行平台携程第一季度营收同比下降42%，其中住宿预订、度假、商旅业务营收分别同比下滑62%、50%和47%。

3. 互联网行业格局出现分化

在行业格局方面，互联网行业呈现出新的态势。2010年以来，我国移动互联网快速发展，新技术、新业务、新模式迅速迭代，多家互联网巨头崛起，基本垄断流量入口，逐步形成了“两超多强”的行业格局。目前，阿里巴巴、腾讯市值均超 4 万亿元，美团、京东、拼多多市值均超 7000 亿元。截至 2020 年 3 月底，市值排名前十的互联网企业市值之和占全行业总市值的比重高达 81%。

与此同时，新兴企业正在各方面突围。互联网行业步入成熟阶段，基本形成对消费者衣食住行各方面的全场景覆盖，一批新兴企业正在涌现，并尝试各种突围方式。一是开拓边缘市场，通过新产品、新业务、新模式，直接打开处于传统市场边缘的新市场。如拼多多通过“社交电商+高性价比商品组合”定位，以低线城市为起点，从三线以下城市、县镇与农村地区获得了用户流量的快速增长。二是关注细分赛道，通过重新定义市场需求，将垂直领域从原有市场中分离出来。如哔哩哔哩以 ACG（动画、漫画、游戏的总称）业务起家，聚集了大量年轻用户，在众多视频与短视频网站中脱颖而出。当前，随着流量入口的集中，新兴企业获客成本增高，互联网行业“马太效应”凸显。但随着 5G 等新兴技术的应用，互联网企业导流的手段也更为多样，直播、KOL（Key Opinion Leader，关键意见领袖，指在某个领域发表观点并且有一定影响力的人）推广等手段为互联网企业带来了新的发展可能。商业逻辑畅通、能快速集聚用户的新企业仍将脱颖而出，带动新一轮互联网创新热潮。

新互联网行业格局下更加全面的市场覆盖为我国网络直播产业提供了更为广阔的发展空间和更为多元的发展渠道，在数字技术的加持下，网络直播产业与各类互联网行业融合，呈现出独属于自己的发展道路。网络直播产业涉及网络直播平台、内容生产者、网络直播网红、网络直播用户、技术服务商等主体，经历了

PC 秀场直播、游戏垂直直播的迭代变迁后，不断向着移动化和虚拟现实化的方向发展。在“直播+”的内容生产、创新应用发展模式下，网络直播产业的商业盈利模式逐渐清晰，直接付费、广告收费、联合运营等模式成为网络直播平台商业变现的“金钥匙”。但是网络直播产业的快速发展也带来了许多社会问题，需要监管部门、行业协会、社会公众等的监督，以及平台自身的自律和自觉，才能使直播产业健康发展。

三、技术、市场、管理合力助推网络直播产业发展

（一）技术与市场推动直播升级

1. PC 秀场直播

最早的网络直播是有一些偶然性的。2006 年一款名为《魔兽世界》的网络游戏席卷全球，大量的年轻人加入游戏当中。但是游戏中动辄需要几十人的团队系统，使得玩家们迫切需要一个支持多人在线语音的平台。实时 QQ 的语音功能在音质与网络稳定性上都无法满足玩家们的需求。在用户强烈的需求下，YY（较早崛起的娱乐型互动直播网络平台）接过了语音平台的大旗，在众多竞争者中脱颖而出，获得了大量的用户。

随着平台的发展和用户的增多，YY 发现了一些有趣的现象，玩家们在打副本之余也会进行一些团队内的娱乐活动，如唱歌等，于是 YY 相应地推出了专门的高品质娱乐房间，有的娱乐房间的巅峰人气甚至达到了数十万。这就是最早的网络直播的雏形。这一直播模式真正得到发展和完善则要归功于之后出现的秀场直播。

2009 年，秀场直播网站进入了互联网用户的视野。秀场直播

在一定程度上是过去夜总会模式在互联网上的迁移，观众可以通过赠送礼物的方式来要求主播表演节目，从而获得满足感。有了初次尝试后，之后的几年里，秀场直播遍地开花，尤其是在一些二、三线城市中有着不错的流量，但其行业本身却并没有得到太高的关注度。由于那时的网络相对而言普及度较低，加之人们上网的目的性比较明确，多数网民并不愿将时间花在看直播上，同时直播的内容层次较低，吸引力不强，所以秀场直播的发展虽然可以说稳中有升，却难以进入大众的视野。

2. 游戏直播

真正让网络直播获得关注与认可的契机是国内电竞行业的大发展。2004 年，国家广电总局下发《关于禁止播出电脑网络游戏类节目的通知》，似乎将整个游戏行业打入低谷。而随着中国选手 SKY 蝉联 WCG（世界电子竞技大赛）2005 年和 2006 年的魔兽争霸项目冠军，电子竞技这个话题再次被人们提及。随后 09、若风等选手带领团队在国际比赛中的精彩表现，也为电竞行业积累了大量的人气。时间来到 2011 年，腾讯代理了美国拳头游戏公司（Riot Games）研发的《英雄联盟》。随后的几年中，《英雄联盟》摇身一变成为世界上最热门的竞技游戏之一，在国内的人气尤为火爆。在玩游戏的过程当中，大量平民玩家想学习明星玩家和职业玩家的技术，直播就成了最快捷的方式，而直播的实时性也让玩家与主播之间拥有了更多的互动。

2012 年，YY 率先推出了视频游戏直播插件，之后开始与主播签约，很快整个游戏直播行业开始突飞猛进式发展。2014 年 1 月 1 日，AcFun 弹幕视频网生放送直播正式改名斗鱼，拉开了游戏直播群雄逐鹿的大幕。2014 年 1 月 20 日，杭州边锋网络技术有限公司成立战旗直播。2014 年 11 月 24 日，YY 正式将旗下的直播业务分为主打娱乐直播的 YY Live 与主打游戏直播的虎牙直播。

随着游戏直播的大热，一时间无数话题与资本开始大量涌入该行业，主播的工资也开始跟着水涨船高，一些超级主播的身价甚至达到数千万，某些著名主播的签约金甚至达到了 5 年 3 亿元。这就加剧了平台之间的直接互相挖角的现象，而就在游戏直播平台在互相血拼的时候，另一类直播却凭着无比优越的土壤飞速成长。

3. 移动直播

在秀场直播时期，由于技术、内容及关注度不高等多方面原因，许多人对泛娱乐直播依旧持保留态度，但是随着智能手机的普及，技术和成本两个方面的难题得以解决。尤其是随着 4G 网络的普及与 Wi-Fi 网络的大面积覆盖，越来越多的人习惯用手机看直播，越来越多的娱乐主播开始用手机直播。而在移动直播时期，最大的赢家无疑是花椒和映客这两大直播平台。

从这个时期开始，网络直播进入了烧钱的“造星”时期，“网红”这个词开始为人们所熟知。花椒和映客两家平台一方面在内容方面将娱乐直播的范围做到了最大化与垂直化，除了传统的歌舞才艺类，还额外拓展了汽车、财经等内容，使用户更多。另一方面引入大量明星带动直播，依靠明星效应吸引粉丝的关注。除此之外，各领域的权威人士也先后加入直播，包括李锐、潘石屹、李开复等，网络直播平台有意识地让主播群体更加多元，而这些人往往能创作更多 PGC（Professional Generated Content，互联网术语，指专业生产内容）内容。

移动直播的兴起还大大促进了户外直播的开发，包括体育、旅游、美食等种类的直播。部分室外直播内容形式奇特，甚至出现了钓鱼、养猪、烧烤等直播内容，也是自此开始，中国网络直播正式进入了全民直播时代，人们开始乐于展现自己的生活，习惯与其关注者互动、交流。

4. VR 直播

VR（Virtual Reality，虚拟现实）直播与过往直播不同在于其有“全景、3D、交互”三个特点。严格来说，基于目前的 VR 技术水平及基础设备，市面上的 VR 直播视频都不能称为 VR 直播，只能叫作全景直播。从全景视频的角度来说，全景电影、电视节目会是这一门类的最大的市场。但由于制作这类内容除了硬件和基础设施的要求，还多了对艺术水平的要求，所以在运用层面，全景视频在直播领域获得了最为快速的转化。

VR 体育直播，不仅能够给场外观众带来身临其境的观赛体验，也为体育赞助商带来了新的商机。在高质量 VR 游戏难做、VR 视频拍摄成本高的情况下，VR 体育直播开始进入人们的视野。高度的适配性使得 VR 体育直播被认为是目前继 VR 线下体验店之后最容易进行 VR 技术商业化推广的领域。全球各大巨头纷纷看好这场 VR 盛宴。

国内视频网站如腾讯、爱奇艺、优酷等纷纷参与 VR 布局。这些网站本身具有庞大的用户资源，若能有效利用自身的优势并结合发展 VR，可以促进 VR 直播高速传播。根据投中研究院分析，VR 直播将会在短期内成为 VR 主流应用之一。原因如下：一是 VR 直播找到了很好的参与方式，厂商不需要付额外的宽带费用，这些费用会均摊到每个用户身上，同时也解决了用户的时间问题；二是当前网红经济流行，VR 直播也可以借助明星效应得以迅速发展。

（二）不断扩张的在线直播市场及其逐渐成熟的运营模式

随着用户习惯的养成，用户付费能力的不断提升，中国企业直播服务于 2010 年兴起，2015 年受 C 端（针对个体的用户端，用户群体比较固定，场景相对简单，用户对产品的要求简单，流程要求相对统一标准化）秀场直播、游戏直播影响逐渐进入用户视野，形成上亿的规模体量。2018 年后，在在线教育和电商直播的拉动下，企业直播行业快速发展。2019 年企业直播行业市场收入规模达到 14.8 亿元。之后受 2020 年春节期间的新冠肺炎疫情影响，线下行业经济流转速度放缓，企业直播行业客户量同比增长 8—10 倍。基于企业私域流量运营需求和用户教育的完成，未来企业直播服务有望成为企业业务标配，保守估计新冠肺炎疫情期间新增客户留存率为 25%，2020 年企业直播行业有望达到 35 亿以上的市场规模。

2020 年以来，直播行业迎来发展新机遇，直播卖货一度火爆。据中国互联网络信息中心（CNNIC）发布第 45 次《中国互联网络发展状况统计报告》的数据显示，截至 2020 年 3 月，我国网络直播用户规模达 5.60 亿，较 2018 年底增长 1.63 亿，占网民整体的 62%。

（三）网络直播发展趋势

1. 市场发展迅速，对社会经济带动效应初显

在国家文化政策支持、网络基础设施和移动宽带加速覆盖、

视频技术日趋成熟、资本投入不断增加等利好因素推动下，网络直播行业发展迅猛。在内容品类方面，电商直播蓬勃发展。虽然真人秀直播、游戏直播等传统网络直播用户规模增速放缓，但电商直播的兴起为行业整体用户规模增长注入了新的活力，同时也丰富了网络直播行业的内容与变现方式。阿里巴巴、京东、拼多多等电商平台陆续涉足直播领域，将实体商品交易与互动直播形式进行融合，提升了用户消费体验感与黏性。此外，电商直播也可以促进农产品销售，为贫困地区脱贫致富提供有力支撑。2019年7月，浙江省与阿里巴巴集团举办“电商扶贫浙里行”活动，砀山县、平武县、成丰县等12个重点对口县的干部与公益明星主播联手直播，共同推介家乡特色农产品，直播3小时内销售额就突破1000万元。

在市场发展方面，网络直播回归理性发展轨道。2019年，随着资本市场对网络直播行业的投资力度逐渐减小，传统网络直播平台优胜劣汰的趋势更加明显。企业财务报告数据显示，YY、陌陌（MOMO）、斗鱼、虎牙直播等已经上市的大型直播平台的营收在2019年前三季度均保持增长态势，其中以斗鱼和虎牙直播为代表的网络游戏直播平台营收增幅分别达到109.3%和87.0%，而部分中小型平台则因融资困难退出市场。

在行业监管方面，相关管理机制日臻完善。一是针对直播过程中的账号监管、主播着装、用户举报等问题，地方行业协会联合网络直播平台发布了《网络直播平台管理规范》和《网络直播主播管理规范》，该规范也是我国直播行业出台并实施的首批行业标准。二是针对电商直播中出现的产品质量和夸大宣传问题，国家市场监督管理总局等部门发布的专项行动工作方案中，对电商直播中存在的食品安全等问题进行了专项整治。

伴随着阿里云、腾讯云等云生态和基础设施的不断完善，企业竞争的关键要素已从技术层面转移至精细化服务层面。一方面，头部企业通过多年深耕，积累了大量的优质客户，行业竞争格局相对稳定；另一方面，营销、教育、医疗、金融等垂直细分赛道众多，为新入局者提供了机会，如深耕小班课领域的翼鸥教育等。

2. 产业生态链逐渐成型，内容技术监管等上下游体系更加完善

随着行业的快速发展，网络直播的产业链日益完善，分工日益明确，行业经营效率大幅提高。直播产业链中除了经营主体（直播平台）与内容提供商（经纪公司、主播艺人、制作公司、音乐公司）外，还出现了各类技术服务提供商，包括服务器、互联网数据中心加速服务商、大数据分析服务商、人工智能图像识别技术的内容审核服务提供商、内容反欺诈服务提供商。因为有了越来越多的高新技术企业和机构的入局，直播技术监管及服务体系更加完善，用户权益进一步得到保障，企业经营环境也得到改善，从而保证了直播行业更加快速、健康发展。

在技术监管方面，图普科技推出的基于人工智能图像识别技术的内容审核服务，在识别色情内容、暴恐内容、时政敏感信息、小广告等违规内容方面居于领先水平，拥有国内最大的图像识别云服务平台，为众多头部主播和视频平台提供内容审核服务。2017 年，图普科技推出了“敏感视频搜索”“视频统计预警”“多模型模块化组合识别”和“图像审核 SDK”等创新产品及功能，提升了对直播内容的技术监管的能力。

除此之外，腾讯 NOW 直播则利用腾讯的技术优势，推出特有的“绿幕技术”，用户打开 NOW 直播 App 并在绿幕下直播，便可自由切换背景图片和视频以充当背景，这一技术大大优化了直播体验。NOW 直播借数字绿幕技术实现移动端虚拟场景直播，以高新技术满足了用户群体对新鲜功能玩法的追求。

四、网络直播产业的价值链构成

在直播行业的产业链中，直播平台处于行业产业链核心地位，下游面对用户和流量需求商家；上游对接内容方和技术方，主要包括主播、版权方及软硬件设施服务方。2015年后移动直播兴起，直播门槛大大降低，进入全民直播时代。随着用户规模的扩增，用户需求的提高，PGC内容占比的不断提高，产业链也趋于成熟，已基本形成了以内容提供方、直播平台、技术支持及直播用户四部分组成产业链结构。

（一）内容提供方

内容提供方的主体特征主要表现为明星主播主导用户流量争夺战，而内容成为直播平台的核心竞争力。内容提供方产出的内容形式主要有UGC（User Generated Content，用户生成内容，即用户原创内容）和PUGC（Professional User Generated Content，专业用户生产内容或专家生产内容），以及PGC三种，三种内容形式在直播行业中共同发展。

这三种不同的内容形式在直播行业当中呈现出不同的发展特点，并进一步在产业链中发挥着各不相同的作用。其中，UGC直播内容体现了移动直播模式兴起导致的直播门槛的降低，全民直播迅速发展，直播的社交属性凸显。

PUGC 直播内容体现了主播由松散个人向规范管理的转变，网红经纪公司、孵化公司越来越多地扮演着内容提供方的角色。

PGC 直播内容则表现了网红经纪公司不仅输送主播人才资源，也参与主播内容设计、节目策划等环节，网红经纪公司对整个直播内容负责。同时也反映了直播行业的专业度不断提升。

（二）直播平台

在直播平台层面，各大平台群雄逐鹿，垂直化、综合化、功能化的多种模式发展并行。

直播平台与行业上游的合作模式多种多样。在泛娱乐直播、游戏直播中，直播平台直接与主播进行签约的合作方式的比例加大，直播平台有计划地扶植平台专属主播，以实现直播内容的差异化及保持优势主播的长期留存，同时还能降低内容成本。

在活动直播模式当中，直播平台通过资本积累及合作，逐渐自发举办大型活动，如演唱会等。

在垂直直播模式当中，平台与各领域 KOL 直接合作。

（三）技术支持

直播产业的发展离不开技术的保驾护航。为保障直播应用正常运转，云服务厂商不断攻克技术难关，助力直播平台跨越技术高墙。视频云服务包含基础设施、内容分发、推流转码、播放存储等多类别服务。除此之外，还有美颜美声、自动鉴黄、秒级禁播及宽带压缩等业务层面的功能细化。

（四）直播用户

随着直播行业的不断发展，直播用户逐渐养成付费习惯，用户黏性也随之提高。

其中，秀场模式经过多年发展，培养了用户的付费习惯。移动直播内容的蓬勃发展对秀场直播模式有重要的扶植和延伸作用，其发展成功建立在良好的用户付费意识基础上，并逐步形成了一条较为良性的商业变现路径。

与此同时，直播行业内的用户渗透率增加迅速，且仍存在较大增长空间。可见，全民主播发展的同时提高了用户黏性。

五、网络直播产业的类型与特征

（一）直播平台分类

直播平台主要分为垂直类直播平台（如直播＋电商、直播＋音乐、直播＋体育、直播＋财经、直播＋社交、直播＋教育、直播＋短视频），泛娱乐直播平台，移动直播平台，秀场类直播平台几大类。

（二）各类直播模式的特征

1. 传统秀场直播

秀场直播是音乐经济与美女经济的结合，是指唱歌、跳舞、才艺表演等直播内容。秀场直播的特点是主播复制难度相对较低、平台概念成型最早、内容与规模已相对稳定。

2. 游戏类直播

游戏类直播是指观看主播玩游戏的直播内容，它既包括网络游戏直播、单机游戏直播、其他游戏直播，也包括户外娱乐直播等。游戏类直播的特点是倚重主播，发展迅速，业务逐渐向其他直播拓展，受众对画质要求中等，内容生产者壁垒较低，主要使用游戏录屏软件。

3. 泛娱乐类直播

泛娱乐类直播并不专注于某一直播领域，而是对所有可直播的领域都进行直播，再辅以移动互联网的发展成熟、获得便捷的优势，其全民直播之势逐渐萌发。泛娱乐类直播的特点是对直播当中的各要素的要求较高，如对画质要求高（如演唱会直播）、对内容生产工具要求高（如户外直播）、过于小众（如科技直播）等。总体来看泛娱乐类直播发展迅速，收入丰厚。

4. 垂直领域直播

垂直领域直播通常围绕一个主题，在直播内容基础上加上专业内容。垂直领域直播平台包括商务领域的微吼直播，教育领域的欢拓科技、三好网、早道网校，财经领域包括 YY 的知牛财经、易直播财经平台、阿牛直播、掘金直播。特点是用户定位比较清晰，由于内容上的引导，用户会因直播主题或主播而留存。总体来看垂直领域直播发展迅速，收入丰厚。

第二部分

网络直播平台与商业模式

网络直播产业的发展植根于方兴未艾的互联网技术，发端于大众文化勃兴的网络文化，它的商业模式中蕴藏着深刻的互联网基因。网络直播不仅仅连接了主播与用户，也让与之相关的商业要素在直播平台上自由流通和相互转化，从而成就了网络直播产业多元的商业盈利模式。如今，仅仅通过文字、图片、视频等单向输出的扁平化素材去感受产品特性已经难以满足用户的需求，直播与生俱来的互动性不仅能够给用户带来更加真实、立体的实时信息，还实现了信息的双向传送，让直播产业拥有了更加强大的变现能力。

自 2016 年直播产业如火如荼地发展以来，直播领域涌现出众多商业主体，竞争激烈，催生了多种商业变现的模式。本研究通过对目前较为主流的获利模式进行分析，将其大致分为网络直播付费模式、广告模式、联运模式、网红模式和其他模式几大类别。

一、网络直播付费模式

自PC秀场直播开始，网络直播付费就是直播产业发展的典型盈利模式。无论是用户由衷地对主播的表演进行“打赏”，还是用户为收看具体的内容进行付费，都反映了网络直播付费模式的活力。从直播平台的营收来看，付费模式主要来自于用户充值、会员订阅及一些增值服务。

（一）打赏模式

打赏模式，即用户在观看直播时，通过购买平台设置的虚拟货币或礼品，打赏给自己喜欢的主播，主播对虚拟币提现，由平台抽成。如果主播隶属于某个工会，则由工会和直播平台统一结算，主播则获得工资和部分抽成。可见，用户打赏的对象不仅有主播，也有主播“寄身”的平台和工会。与视频广告不同，主播们在直播时，粉丝现场进行打赏，主播通过自身的高人气获得打赏分成，促进粉丝消费，相应地，平台也可以获得经济效益。各大网络直播平台的分成情况各不相同，有些直播平台抽成可达六至七成。与网络游戏类似，此类模式可源源不断地吸引用户的现金流入，利润颇丰。

网络直播付费模式为部分直播平台创造了巨额的利润。做秀场业务的直播平台，最主要的变现方式就是模拟道具打赏。很多直播平台依靠这一变现方式，实现了在港股和 A 股的上市。

除了传统的直播平台外，美拍作为直播领域的领军平台，也通过观众送给主播的虚拟道具，如“爱大家”“花痴”“心动”“送花”“玫瑰花”“表白”“金话筒”“超级赞”等实现了盈利。

网络直播付费模式也很好地利用了明星效应吸引来巨大流量。在粉丝经济蓬勃发展的大背景下，影视娱乐明星在各类直播平台上的超高人气和高额打赏金额，证明了虚拟道具打赏在移动直播这种新形态下所能产生的能量是巨大的。

网络直播平台针对用户打赏这一行为，普遍设计和划分了不同的区域。目前，虚拟道具主要有免费区、低价打赏区、常态打赏区、土豪付费区四大类。

1. 免费区

直播平台之所以提供免费道具，其目的就是增加直播的氛围与用户体验感，让不付费的用户也能够参与到直播中来，同时和主播互动。但是，免费道具每天有使用时间和次数的限制，用户如果想要持续地与主播进行互动，则需付费购买道具进行打赏。

2. 低价打赏区

低价打赏区是较为平价，适合普通用户的区域，它的打赏币值在 1—5 币。通常来说，这个价位的虚拟礼物类型很丰富，平台在该价位内的道具布置尽可能涵盖所有用户打赏时会出现的心理需求，促使用户进行第一次充值。另外，直播平台在设置充值金额时，也会为用户设置不同优惠力度的套餐包，促进用户直播打赏习惯的养成。

3. 常态打赏区

常态打赏区是适应习惯性打赏用户的区域。当用户因为低价打赏产生付费行为后，平台会让用户尽快把现有的打赏币消耗完，并开始下一次充值。此时，直播平台要在用户打赏某一道具时，出现一些“连击”的强提示，消耗虚拟道具并促进用户消费。在常态打赏区进行消费的用户多为直播平台的忠实客户，这部分人群为直播平台创造了源源不断的商业利润。

4. 土豪付费区

土豪付费区是直播平台的重要收入来源。该区的单次礼物价格能达到人民币 688 元、1314 元，甚至 3344 元，可见该区域付费用户的打赏力度之大。用户打赏的礼物以“豪车”“游轮”和“超级钻戒”等为主，极大地满足了用户的心理需求。同时，用户通过这些礼物，也能够吸引主播和全场其他用户的目光。

尽管用户的网络直播付费习惯正处于被不断培养起来的过程当中，但虚拟道具打赏模式到现在仍然不能成为主流变现模式。从秀场类直播公司的财报来看，虚拟道具的变现收入 70%以上是由 5%的土豪用户所贡献的。可见，虚拟道具打赏模式在 PC 直播领域依然属于小众行为，难以具有商业模式上的规模性和持续性。随着移动直播逐渐成为行业主流，这种变现模式要形成全民打赏的氛围，需要大幅提升打赏功能的使用频次。此外，要想使虚拟道具打赏模式成为主流商业模式，还需要考虑两个核心要素：一是持续的优质内容，二是打赏系统的变现效率。例如，美拍除了有虚拟打赏模式外，还同时具有“直播＋明星＋品牌”、广告、电商等盈利模式。如此一来，直播平台才能获得更大的利润和可持续的发展。

（二）会员增值服务模式

网络直播平台若要获得长远的发展和盈利，就要培养用户的忠诚度和黏着度，让用户从普通看客变成会员。会员可分主播和观众两类，付费成为会员后，用户均可收获自身的专属特权。

对于主播而言，开通会员身份后，直播平台可以提供直播室更多功能权限，如添加场控、提高聊天室人员上限、收入翻倍、开通私密直播室等。此外，主播还具有身份特权，如尊贵勋章、升级提速、首页推荐等。

对于观众而言，开通会员身份后，直播平台可以提供功能特权，如个性点赞、特权礼物、视频连线、隐身入场等；可以提供身份特权，如头像美化、会员标识、入场特效等；还可以提供内容特权，如观看指定（付费）内容等。

（三）其他付费模式

除直接付费和开通会员身份外，还有两种付费模式，一种是用户通过支付一定费用，享受去除广告等会员特权或收看优质直播内容的特权。教育、游戏等平台常采用这种方式。如在线教育类产品的商业模式，就是利用直播平台售卖课程，在这一模式当中，学生付费学习，直播平台最终和学校或老师分成。另一种付费模式则是主播开通直播需要付费，由直播平台向主播提供更高级的直播服务。

二、广告模式

广告是网络直播平台创新商业模式的试验田，很多直播平台的商业模式都与广告密切关联。直播中的广告模式可总体分为两种：一种是较为传统和常规的“硬广”模式，不需要太多的创意与内容制作，广告形式可被复制和重复使用，缺点是用户对广告信息的接受度不高；另一种是较为创新的“直播＋”模式，该模式针对个性化人群进行定制化营销，内容制作多为单次曝光，创意仅限单次使用，但丰富多元的定制内容能够给目标用户带来良好的广告体验，目前是一种较为主流的广告模式。

（一）传统“硬广”模式

广告要把商家的产品信息展示给潜在的目标消费者，从而刺激和说服消费者进行购买。对于网络直播传统“硬广”模式而言，广告的呈现形式大致分为两种：一种是露出品牌标识，即在直播中利用横幅、冠名、开屏等形式将企业品牌直接展示给用户；另一种是贴片广告，与电视广告相似，在直播过程中播放前插或中插广告，同样以贴片视频的形式展现。对于网络直播平台而言，它有着基于特定主播形塑而成的用户群，并且这些用户具有某些共同的文化特质和心理特征，能够很好地满足广告主对消费者的筛选和需求，从而带来更理想的广告效果。

（二）商家冠名和赞助

对于广告主而言，主播拥有特定的身份特征，在特定网络用户群体中拥有很大的影响力和话语权。广告主为了充分利用这些网络主播进行产品宣传，会将自身的产品与网络主播的直播相结合，更好地将主播身上的气质赋予产品当中。网络主播们在直播时的每一个举动或穿戴的衣服、饰物，如喝一杯饮料、戴一副眼镜，都可以作为广告进行植入。有些网络主播进行广告宣传的形式甚至包括给用户做购物攻略、当导购，以此来吸引广告介入从而实现变现。此外，很多游戏、电竞产品厂商非常重视网络直播中相关产品的曝光机会，会付费给网络直播平台来投放广告，宣传自己的产品，借此来提高自身在特定用户群体中的知名度和认可度。

（三）企业宣传

网络直播平台凝聚了大量的用户和主播，创造了一个巨大的公共空间，是企业宣传的重要文化领域。企业在网络直播平台内进行宣传，能够充分利用直播平台本身固有的用户基础和直播形式，并进一步将直播的互动性和实时性运用到广告宣传当中。广告具体的投放形式多为企业向直播平台付费申请直播，需要直播平台提供技术支持，直播平台再进一步替企业提供会议宣传等服务，最后还会给企业提供观看数据等复盘服务。如此一来，直播平台就能利用自身的数据提高广告的科学性和有效性，从而满足广告主对效果的精确要求。

三、联运模式

直播行业当中，仅靠收取广告费、会员费的传统模式已经不能满足平台盈利的需求。因此，直播平台纷纷探索新的盈利模式。联运模式是直播平台对商业盈利模式的创新，也是直播平台对互联网思维的回应。在联运模式下，直播平台不再仅仅是主播展演的网络场所，还是与网络直播相关的一切生产要素的集结地。网络直播平台依托自身庞大的用户基础和先进的技术支撑，让一切生产要素充分流通，进而催生出更多的商业利润和平台效益。

（一）直播＋内容模式

网络直播平台不光造就了知名的主播，同时也生产了优质的内容。网络直播平台可以凭借自身强大的用户基础和话语权力，催生流行的网络知识和传播优质的内容，并将这些内容打造成特定的 IP（Intellectual Property，知识产权），让不同的广告主以 IP 为落脚点做广告。例如，主播可以以品牌推广和产品宣传为目的，在直播中亲身试用产品或参与体验某事务，以软性植入广告的方式进行产品推广。这一推广手法的应用主要以产品体验、新品发布、户外旅游等为主。直播内容与广告的结合能够满足各类广告主的需求，促成品牌的个性化传播，这既能契合广告产品的特点，提升品牌的辨识度，又能增加消费者对品牌的熟悉程度。

（二）直播＋互动营销模式

在网络直播中，直播既是仪式化展演的过程，也是主播与用户进行互动的环节。品牌商可以充分利用主播与用户进行互动的时机，将产品和广告插入其中，让广告和产品也附着上主播的个人特色。在直播中，直播＋互动营销的模式需要在用户参与互动的环节加入产品要素，以促进信息的双向交流，加深用户对品牌的印象。传统的广告或者宣传都是由商家提前准备好软文或者创意，分发给平台或个人，然后展示在用户面前，用户只能静静观看，获得其中信息，根本无法做到深度互动，相应地，广告或宣传也就无法引起用户更大的兴趣。

如今，在直播平台中，商家和用户的互动的重要性逐渐引起了各方的注意。如在方维互动直播中，系统开发了许多直播的互动功能，视频直播的主播可以在现场“表演”的同时与观看者进行深度交流，观看者可以随时给主播提出意见，而主播的及时回应会让观看者获得直观满足感。此类互动营销对于直播用户的吸引是巨大的，很多商家在与用户互动的环节中加入企业产品的推广和营销，用户的接受度也会更高。这种模式发挥了直播的平台功能，让主播与用户互动的环节变得更有价值。

（三）直播＋电商模式

电子商务极大地满足了用户对购物的需求，让用户可以随时购买商品。然而，电商自身的弊端也给用户带来了许多困扰。用户虽然可以买到各式各样的商品，但用户不能亲自触碰或观看商品，对商品的质地和款式不能做到详细了解，以至于经常有退款和退货现象的发生。当直播平台与电商平台联合起来的时候，用户可以通过直播对商品有更加真实的了解，从而提高用户购物的满意度。电商平台内商家为了展示商品或采购现场而利用直播平台进行直播，让用户对所售卖的产品有更加直观、全方位的认知。直播与其他社交工具不同，它具有深入互动的特点和独特优势，这给一直处于不断创新的电商营销带来了新的启示。之前所有商家为了吸引买家注意，都在文字、图片、版式上大做文章，追求创意。如今，直播这一新的互动方式扭转了这一局面，使得商家有望通过更丰富、更好玩、更有趣的内容创意吸引买家。

淘宝直播平台开创了消费类直播平台的经典商业模式。据统计，在淘宝直播平台上，女性消费者比例约占 80%，且每晚 8 点至 10 点不仅是用户收看直播最踊跃的时段，同时也是用户最愿意下单的时间。此外，阿里巴巴支持“边看边买”的功能，可以让用户在不退出直播的情况下，直接下单购买主播推荐的商品，极大地提高了商品的销售转化率。

目前，直播+电商模式也呈现出两种主要方式，一种是类似于淘宝客那样的“卖式直播”。主播偏向草根达人，主要面对淘宝店铺，主播多与店铺进行分成结算，目标导向性强，效果也很好。一种是以明星、头部网红为主的品牌直播。主播以一些自带流量、粉丝忠诚度高的网红主播为主，这类主播往往会配合店铺的代言人一起开展直播活动，这样的直播兼顾品牌展示和效果转化双重目标，是促进产品销售和提升品牌价值的良好渠道。

这两种直播方式在 2019 年的电商营销中，都取得了非常不错的营销效果。然而，伴随着直播行业的大洗牌，以及优质内容的不断发展和沉淀，过去被热捧的卖式直播模式日渐式微。这主要与卖式直播自身的定位和内容有关。卖式直播的主播一般是一些草根网红，在竞争异常激烈的直播领域，他们更容易被淘汰。不过，卖式直播效果受限的核心因素还在于内容。在卖式直播中，主播们的直播内容通常比较单一，而直播目的往往也只有卖货这一个，因为卖货效果如何直接影响他们最终的收入。这种效果导向性过强的内容，过于频繁或普遍使用之后，对用户的吸引力会降低。同时，适用于卖式直播的销售品类很少，目前主要集中在服装、化妆品领域。其销售方式也较为单一，一般就是试穿、试妆或者发红包、发优惠券等，局限性比较大，很多品类的电商还没有涉足。

相比之下，品牌类直播在内容和传播上就占有很多优势。在品牌类直播中，品牌主一般邀请拥有超高流量且粉丝黏性高的明星或者头部网红。这类人群背后的巨额流量为品牌导流提供了一个非常可靠的效果保证。与此同时，明星主播或者网红主播一般都具有比较强的内容创作能力，所适用的营销场景也更多。一般这样的直播，都会有专业的直播团队和策划团队，对直播内容、直播场地进行精心设计，从而为整个直播内容和直播流程的顺利展开提供了保障。

四、网红模式

（一）具有 IP 属性的网红变现模式

网络主播既是直播平台的灵魂人物，也是直播平台的内容生产者。网络直播平台为了打造自身的影响力和话语权，往往致力于将自家的主播塑造成网红，然后通过网红调动更多的网络资源和商业要素，实现自身的商业模式创新。网红在获得大量粉丝后，会高度聚集大批有效流量，并基于已有的社交资产及流量资源，通过营销服务、销售商品等渠道寻求商业化变现。随着网红产业化的发展，变现手段更加多元，变现模式更加多样。电商、广告、直播打赏、付费服务及演艺代言培训等变现手段都取得了可观的效益。不同的直播内容形式均出现了从一两种主要变现手段向多种变现手段扩展的趋势。此外，网红与商家的合作更加深入，在模式的选择上更加注重用户的感受，不断提升用户的体验感，提升合作效果，形成长期高效的互利关系。

艾瑞咨询通过商业调查，将直播网红的商业变现模式归纳为如下几种：一是虚拟礼物，即在直播平台上，粉丝打赏赠送的各种虚拟礼物；二是销售商品，即在淘宝等平台，向粉丝销售商品；三是广告宣传，即在直播平台上为品牌商做广告，获取广告费；四是做内容生产者，即围绕内容做“文章”。从上述典型的变现模式看，目前主流的商业变现模式是虚拟礼物、销售商品和广告宣传。其中，虚拟礼物是伴随较早出现的一批 PC 直播平台发展起来的较为成熟的变现模式，后来，随着市场发展又先后出现了销售商品、广告宣传等变现模式。目前，网红变现的模式越来越多元化，并开始出现许多新的变现模式。

（二）网红＋电商模式

随着互联网技术的发展，各大电商平台纷纷借助直播平台、依靠网红的影响力，带动消费。与传统电商相比，网红直播有超越图片文字更生动形象的传播效果，能够解决传统电商平台存在的问题，克服传统商品展示单一、图文信息不能够满足消费者，缺少与消费者互动的弱点。另外，直播还具有基本的互动和场景连接属性，能够提供实时的消费渠道，提高电商变现的可能性。网红不仅不消耗电商平台流量，甚至还能够为电商平台带来流量，帮助电商平台增加销售额。不过也有研究认为，这种网红直播实际上是对产品品牌的传播，且转换率有限，并不能够改变传统的电商模式或者取代传统的电商模式，电商模式的主流还应该是橱窗式的卖货。

对于电子商务而言，网红具有无可比拟的“意见领袖”和“生活模特”的作用。对于用户而言，网红的一言一行都充满着神秘的光环，网红是时尚和潮流生活方式的开创者和引领者。随着网红经济产业的不断发展完善，各式变现方式也层出不穷。其中，电商交易规模持续扩大，网红的电商化变现方式的发展前景喜人。电商是随着互联网发展起来的产物，发展空间大，零售市场潜力巨大，庞大的电商规模在持续稳定地增长，为网红电商的发展提供了广阔的空间。网红作为意见领袖，导购作用明显，他们背后有着巨量的流量支撑。在品牌分散化的情况下，网红能够依靠个人的影响力，发挥商品导购的作用，促进高度集中的流量有效转化。网红具有较强的互动能力和展演能力，能够依靠网络电商进行商品的推广和销售，实现对受众或者顾客的维护，同时发布相关的内容信息，对产品进行推广宣传。网红张大奕拥有众多粉丝，她追求时尚，屡次创造了电商销售记录。张大奕的“东家”如涵电商曾创下 2 小时销售额达到 2000 万元的惊人纪录，张大奕一度成为直播网红经济时代的传奇。张大奕的成功并不是个例，未来会有越来越多的电商主播或电商企业借助电商直播平台销售自己的电商产品。

2016 年被称为电商直播元年。2019 年上半年，各大直播平台积极探索“直播＋”模式，布局内容生态。截至 2019 年 6 月，我国网络直播用户规模达 4.33 亿，较 2018 年底增长 3646 万，占网民整体的 50.7%。2018 年淘宝直播平台带货超过 1000 亿元，同比增速近 400%。2018 年淘宝直播人数增加 180%，粉丝超过百万的主播超 1200 人，月收入超过百万元的主播超 100 人，全年成交额破亿的主播达 81 人。2019 年“双十一”直播购物市场热度再度升温，“双十一”当天通过手机淘宝 App 观看直播的用户达 4133 万，同比增长 131%。网红＋电商的直播营销模式已成为大众非常喜欢的模式。

（三）网红 IP 模式

IP 直译为“知识产权”，本质上是一种主题性内容。网红天然具有 IP 的特质，能够基于自己的“人设”生成特定的 IP，让数据流、用户流、资金流和信息流围绕着其产生。直播平台也降低了个人 IP 化的门槛。在直播平台里，用户可以随时随地打开直播分享内容，这些内容可以是美妆教程、音乐、舞蹈，或者仅仅是聊天、吃东西甚至睡觉。另外，直播平台内容的互动化和个性化也增强了主播与粉丝的黏合度。主播与粉丝的黏合度不断增加，形成了更牢固的关系。

与此同时，直播平台也越来越重视直播网红的 IP 化运营。首先，直播平台吸引主播，针对主播个人特点打造 IP，将虚拟礼物的收入分给主播，吸引众多主播加入。其次，直播平台和社交媒体相结合，利用社交媒体曝光的方式帮助主播实现个人 IP 价值。最后，直播平台将个人 IP 变现为经济价值，通过与主播签约、自我创业、打赏、做广告等途径获得经济利益。

经历了 2016 年直播元年之后，大量的个人 IP 浮现出来，Papi 酱就是一个典型的例子。她主要依靠推送创意短视频吸引用户眼球，在不到一年的时间里就拥有了 1000 万粉丝，并获得 1200 万注资，估值 3 亿元。其首场直播在不到一个半小时的时间内获得点赞 1.26 亿、实时观众近 200 万。

(四) 网红 MCN 模式

MCN（Multi-channel Network），意为多频道网络，最初是依赖于 YouTube（一个视频网站）平台机制而创造出的商业模式。随着网络直播产业的不断成熟和完善，MCN 机构日渐成为网红的首选合作对象。网红与 MCN 机构合作后，MCN 机构为签约网红提供推广营销、流量变现等多种商业化服务，网红可按规则取得收入分成。MCN 模式被引入中国后，发展势头迅猛，逐步成为网红经济中极为重要的一环，有力地促进了网红经济整体产业的发展。通过 MCN 机构，网红经济整体商业模式可以得到有效的优化。MCN 机构在确定广告主及自身需求后，对已有资源进行分配，向供应端下达订单需求，或向服务端购买所需要的服务，并将任务发放至签约网红，之后再通过自身流量渠道实现作品分发，并从网红、平台广告主、粉丝的相关消费中获得收入。而相应地，网红除了能从 MCN 机构处获得分成，也可以直接从平台及粉丝端获得收入。

MCN 机构在直播网红产业链中占有重要的位置，近年的发展速度十分迅猛。与美国的 MCN 机构不同，MCN 机构在进入中国后迅速进行了本土化改革，并在 2016 年迎来了爆发式发展。最初，MCN 机构以广告宣传等为主要收入形式，随着 2017 年直播行业整体规模继续快速发展，MCN 机构的产业链初具雏形，形成了多领域、多平台的商业模式。对于 MCN 机构而言，大型的、进入市场时间较早的机构依靠时间和体量上的优势汇集了大批早期网红，并有针对性地继续巩固自己特有的优势，如垂直领域型 MCN 机构，旗下相应领域网红数量可达数百人，大量的网红聚集所产生的流量优势正在逐步形成。网红 MCN 化是网红变现的重要商业模式，也是非常有效率和有保证的商业模式，围绕网红 MCN 的产业链正在不断成长壮大。

MCN 机构以内容生态打造网红经济的规模效应，从单纯提供内容走向内容复制与集成，是众多头部网红新的发展方向。对于网红而言，内容的生命周期越长，想象空间越大。目标用户的交叠使得头部网红有机会打造与自身领域相类似的自媒体矩阵，而矩阵内部的内容则互相关联，更有利于一个多元化、多档位的内容生态的形成。内容生态的形成对打造网红经济的规模效应至关重要。头部网红的丰富经验和过剩的渠道、影响力等资源为MCN机构孵化小号、构建内容生态奠定了基础，而内容生态的形成又会进一步降低MCN化的边际成本。另外，打造内容生态背后所隐含的内容集成效果对于减少MCN机构生产管理成本和用户观看成本效果显著。在MCN机构的加持下，网红的产业链条不断完善，网红的综合价值日益得到有效开发。

随着MCN机构商业模式的逐渐成熟，价值链条逐渐完善，MCN机构与直播网红的合作方式也日益完善。MCN机构通过调度网红、媒介、平台等资源，帮助直播网红实现红人挖掘、签约合作、能力培养、内容制作、流量曝光和商业变现，为签约网红提供专业的商业化服务，为网红带来了更优质的商业变现机会和选择，也提高了网红对机构的认可度和信任度。

第三部分

内容生产:“直播+”的跨领域运用

优质的内容永远是吸引用户的关键,特别是在网络直播的普及与常态化的现状下,公众对直播的关注已由初期的形式吸引转为今天的内容吸引,这必然对直播内容的品质提出越来越高的要求。得益于移动互联网技术和信息技术的不断迭代,直播产业的发展受时间、空间等要素的限制越来越小,其便利、快捷、转化率高等特点愈加明显,网络直播已表现出极强的跨产业融合的潜力。同时,直播产业自身的不断成熟,进一步明确了产业链中各主体的分工,这也帮助了直播平台生产内容的多元化,使其发展空间进一步被拓宽。除了直播产业发展早期的传统秀场直播模式以外,“直播+”的发展模式也逐渐地蔓延到更多的领域,并在各领域当中彰显不尽相同的适应性和表征。

一、直播平台内容生产的模式

（一）用户生产：网络直播平台的 UGC 模式

UGC，即 User Generated Content，通常又称为用户创造内容，是伴随着以大众文化勃兴为主要特点的 Web 2.0 时代而兴起的。如今，互联网经济已逐步演变为创造力经济，而用户生成内容模式则成为网络经济成功的重要依托。互联网技术的进步与发展为用户提供了更快捷的接收与传播信息的渠道，自由开放的社会环境又促使用户积极投身到内容创作当中，也让 UGC 成为直播平台非常重要的内容生产方式之一。今天，我们已经进入一个“全民直播”的时代。越来越多的人群涌入网络直播平台，整个直播行业迎来一片火爆繁荣的景象。在 UGC 模式下，内容创造方主体庞杂，数量巨大，使得内容质量良莠不齐、导向偏低，因此，提升平台的专业内容制造能力，成为各大直播平台新的挑战。

（二）专业生产：网络直播平台的 PGC 模式

PGC，即 Professional Generated Content，是相对于 UGC 而

产生的一个概念，意为专业的机构、企业或平台生产的特定领域的内容，不与个人或非正式团体用户生产的内容重合。从某种意义上讲，网络直播平台上的 PGC 模式只不过是将其他领域中的 PGC 模式应用到了直播行业。例如，直播平台、传统电视媒体、视频公司，以及一些由直播行业催生的直播公司都是 PGC 的内容生产者，其有着专业的内容生产能力，把握着丰沛的商业资源，生产的内容也更加专业，符合用户的喜好和兴趣，具有极强的用户吸附能力和流量聚合能力。直播平台 PGC 的特点是经过专业机构的组织和策划，节目画面的精美程度更高，编排更加丰富有序。总体而言，PGC 生产的内容具有更高的价值性和可看性，也能提高直播平台本身的竞争力和影响力，构建平台自身的竞争优势。当下，直播平台为了吸引用户，提高平台自身的竞争力，竞相争夺有个人影响力的专业主播，并不断培养自己的平台主播，以此来使自身的用户基础更加巩固。

（三）业余的专业化：网络直播平台的 PUGC 模式

PUGC 即 Professional User Generated Content，是 PGC＋UGC 的结合模式，即以 UGC 形式产出的相对接近 PGC 的专业内容，兼具 UGC 的个性化特征与 PGC 的精良制作，对用户具有极强的吸引力。PGC＋UGC 模式最初是在 2015 年的全球移动互联网大会上被提出的，最初应用于电台行业，并在发展过程中不断拓展至其他行业。直播平台的 PUGC 模式凭借素人的创作方式和表现力，加上公会规模化的指导与包装，再经过平台产品的包装优化及推荐，形成比普通 UGC 更具专业品质、更具观赏魅力的高品质直播内容。PUGC 结合了 UGC 的个性化特征与 PGC 的专业化优势，提高了传统 UGC 内容的品质，可谓是“业余的专业化”。这样的专业化成果之所以诞生，一方面依靠业余用户的自我提升，另一方面也仰仗了专业机构的推动。目前，在网络直播平台 PGC 内容发展前途尚不明确之时，PUGC 是不少直播平台致力打造优质内容的重要手段。比起 PGC，PUGC 耗费的资金和时间更少，面临的商业风险更小。而相比 UGC，PUGC 的内容质量更高，具有相对较强的稳定性。

直播平台的内容生产者不是单一的和固定的，每个人都有可能成为直播内容的“制作者”。专业主播、业余的专业用户、普通用户共同构成了直播平台内容生产的生态架构。直播平台完美的内容生产模式结构应该是金字塔形的，大众化的 UGC 是底层，专业指导下的 UGC，也就是 PUGC 作为中坚层，高质量定制化的直播 PGC 则作为顶层出现。这样，直播平台才能为用户提供更加多元和优质的直播内容，最大限度地满足用户的不同需求，提高直播平台的竞争力。

（四）网络直播内容生产趋势：从 UGC 到 PGC 与 PUGC

人人都能当主播，是直播行业刚刚兴起时的行业愿景。最初，直播平台追求流量，自然希望吸引更多的主播和用户。在人人均可发声的 UGC 时代，直播内容覆盖面非常广。UGC 具有去中心化的特点，内容产量高，但面临质量把关难，优质内容少，且不具有稳定性的问题，因此，直播平台除了倚重 UGC 的内容生产，还需要招揽专业的网络主播，以其专业的内容提高平台的竞争力和影响力。

总体而言，UGC 以猎奇内容与兴趣社交为着力点，开启了泛生活的直播时代。但现在，低质多量的内容、时间与频率的不稳定性、极低的用户黏性、商业模式的匮乏等因素正在影响UGC模式的未来发展。

随着直播技术的进步和直播的普及，受众对直播的诉求也逐渐发生了转变，优质内容更加能吸引用户。用户对低质量的UGC内容已产生审美疲劳，知名主播的数量和质量在很大程度上决定了直播平台用户的存留。在众声喧哗的时代，随着外界的推动和行业自身发展需求，平台逐渐走向PGC和PUGC的专业化道路。相较于视频网站的转型，网络直播的专业化转型速度更快。

伴随着互联网技术的发展，直播行业愈加成熟。专业替代业余，PGC和PUGC占的比重越来越高，UGC则逐渐式微。直播行业整体趋势日渐清晰，内容质量成为直播平台关注的重点，作为优质内容生产的PGC模式更是直播平台一争高下的关键点。PGC综艺成为各大直播平台内容竞争的新突破口，斗鱼和米未传媒合作直播综艺《饭局的诱惑》、战旗直播自制节目《狼人杀》，以及综艺节目《奇葩说》《爸爸去哪儿》等都致力于在PGC平台上进行探索。淘宝直播平台在PGC之路上也勇于尝试，专门开辟了仅限具有专业视频制作能力的机构入驻的PGC栏目。直播行业的火爆同时催生了一批优质直播内容制作公司，这些公司同样凭借优质PGC内容为平台吸引巨大流量。

早在10年前，土豆网创始人王微就提出了“工业废水”的观点，认为低质量的UGC内容可以产生庞大流量，但像工业废水一样不具备价值。多年过去，爱奇艺、腾讯视频等一流视频网站纷纷通过版权购买、节目自制等内容策略验证了PGC模式的正确性，构筑了自身在视频行业的竞争地位。如今，直播也开始迅速从UGC走上向PGC和PUGC转型的道路。直播与PGC和

PUGC结合的好处显而易见。一是用户观看PGC内容的习惯早在电视和PC时代就已经养成，他们更加认可专业机构生产出来的内容，对专业内容接受度也很高。二是PGC和PUGC能够帮助平台引导氛围，整合直播平台自身的资源，实现更广范围的价值利益。无论是节目自制还是版权购买、与第三方合作，直播平台都能够把控内容制作的核心。直播作为一种新型内容生产工具，除了娱乐之外，进军电商、政务领域或许能够走得更远，更早一步实现盈亏平衡。在资本寒冬时代，自身的造血能力将成为直播平台重要的竞争力。直播平台在内容生产上的转型并不是偶然的，背后有着必然的内在规律。当直播市场尚为一片"蓝海"（未知的市场空间）时，直播节目供不应求，内容的数量是商家亟待解决的问题，质量问题所得到的重视不够，而观众由于好奇对内容的质量也并不苛求。在这种情况下，能够大量生产且可轻松复制的UGC内容盛极一时。而市场持续发展以后，观众对同质化的UGC内容感到审美疲劳时，专业性更高、制作更精良的PGC和PUGC内容则成为直播行业新的发展方向，这也给专业的内容制作团队带来了新的机会。

二、直播+资讯：移动化时代下的新闻传播模式变革

新闻不仅是对新近事实的报道，还是将社会与个人联系起来的纽带。新闻不仅是物理信息的传递，还是一种象征性的仪式化行为，维系着社会个体的集体记忆与社会信仰。因此，社会个体对新闻有着内在的需求，新闻资讯也是社会个体得以生存和成长的“皮肤”。在新闻资讯需求中，最核心的是对时效性和现场感的需求，在一些重大时间节点和大事件的传播中，这种需求尤为强烈。因而，媒体在资讯直播方面从未间断过努力，从最早的网站专题实时图文直播，到社交平台通过图、文、短视频进行实时信息直播，时效性一直在不断提高，现场感也在逐渐加强，信息传播方式愈发具有媒体特征。直播因给用户带来强烈的临场感和浸入式体验，故能有效黏着用户，获取大量的用户使用时间。移动视频直播的出现以其即时、直观且易操作的特点，打开了资讯传播的新大门，用户在获取资讯的时候，直观感受会更清晰强烈。门户网站在使用资讯直播手段时，配合专业媒体策划和选题，在节假日等重大时间点，能够准确抓住用户关心的内容，使流量转化更加高效，提升用户对平台的黏度和平台自身的商业价值。

（一）中国资讯直播行业现状

1. PC端资讯直播用户规模逐渐减少，移动端资讯直播用户规模稳步增长

随着移动互联网的日益普及，PC端用户迁移到移动端已成事实，未来PC端资讯直播用户的规模仍面临着进一步流向移动平台的趋势；移动端资讯直播用户规模呈波动性增长趋势，且未来仍存在巨大的增长空间。

2. 资讯直播用户规模增长趋势明显

在移动互联网时代，用户对信息的需求日益强烈，尤其是具有价值的优质资讯内容，更是用户孜孜以求的信息。根据艾瑞咨询的统计，资讯直播用户规模呈波动性增长趋势，这显示了资讯直播行业具有良好的发展前景和巨大的市场空间。

（二）网络媒体与传统媒体竞相涌入，引导新闻传播模式变革

网络媒体凭借着强大的平台优势及其自身的媒体属性，在大热的直播领域找到了专业化的直播商业模式。而传统媒体力量的赋能，也让专业化的直播找到了新的生机。随后，资讯直播悄然涌进直播市场，虽然声势并不是很浩大，但是资讯直播依然如火如荼地发展了起来。2016这一年除了四大门户网站之外，许多其他的商业平台也纷纷进军资讯直播领域，主要可以分为网络媒体和传统媒体两大阵营。

网络媒体以腾讯、网易为代表。腾讯新闻与NBA签署官方合作协议，成为NBA中国数字媒体独家官方合作伙伴，在NBA赛事期间为网友提供视频直播。2019年10月的一场“湖人”与“快船”球队的NBA常规赛，观看人数达到了2500万（腾讯体育视频直播实时数据）。视频直播成为腾讯新闻客户端内容的重要组成部分。网易新闻也设立同种类型的“西甲频道”与“英超频道”，提供西班牙足球甲级联赛与英格兰足球超级联赛的相关新闻，并在比赛期间进行实时的直播，受到网友的长期持续性关注。更多的如人机大战、南方洪涝灾害等直播均吸引了超过6000万用户的关注和参与。可见，直播成为提高用户黏性的新型“利器”。

传统媒体以《人民日报》为代表。《人民日报》客户端增加了视频直播语音播报功能，也上线了直播的功能。以新闻资讯发布会直播为主的直播平台媒体属性强，在重大新闻时刻发挥了重要的作用与价值。

有趣的是，与秀场类直播竞争态势此起彼伏相比，资讯直播领域的网络媒体和传统媒体则开启了内容＋渠道式的合作模式，从《新京报》、央视等与腾讯、网易的合作就可见一斑，可以说这是新闻传播模式的一种变革。

三、直播+游戏：告别野蛮生长，进入精细化运营阶段

游戏是年轻人所喜爱的娱乐方式，有着庞大的用户群体。随着电子竞技和网络直播技术的不断发展，游戏直播逐渐受到大众欢迎，具有数以亿计的粉丝群体。中国游戏直播的发展历程大致经历了四个阶段：2013 年之前，游戏直播处于萌芽期，视频网站与语音平台开始打造属于自己的游戏直播子系统，如 YY 语音、TGA 腾讯游戏竞技平台等；2013—2014 年，游戏直播处于增长期，各网络平台旗下子系统独立运营，变为最早的直播平台，国家实施“光进铜退”工程，网速的提升催生了大量主播，海外 Twitch（一个面向视频游戏的实时流媒体视频平台）被并购，刺激了国内资本涌入直播平台；2015—2016 年，游戏直播迎来爆发期，直播大战一触即发，各平台开始花重金争夺主播与赛事版权，在资本刺激下，多个新平台进军游戏直播市场，游戏直播开始向移动端发展，出现了以移动游戏为核心的移动游戏直播平台；2017 年至今，游戏直播进入成熟期，进一步精细化运营，直播平台进入 PGC 时代，移动电竞成为新的内容焦点，平台更渴望获得利润。2019 年至今，游戏直播不断发展，直播内容在很大程度上承载起游戏内容的分发与宣传功能，游戏直播成为一种被大众认可的商业模式。

（一）游戏直播平台发展现状：市场规模扩张，平台盈利能力提升

游戏直播具有庞大的用户群体，每逢重大的直播赛事，都有数量巨大的人群聚集在直播平台上参与观看。艾瑞咨询《2020 年中国游戏直播行业研究报告》指出，2019 年中国独立游戏直播平台市场规模达到 208 亿元。游戏直播平台整体市场规模快速扩张，平台盈利能力持续提升，直播电商、云游戏等新业务将拓宽游戏直播平台商业变现模式。总体来看，游戏直播平台市场规模的不断扩张主要有两方面原因：一方面，宽带、主播等成本的控制拉动平台盈利能力持续提升；另一方面，平台付费用户规模的增长及直播带货、云游戏、付费直播等新业务的拓宽带动整体市场快速扩张。

2019 年直播业务收入仍是中国独立游戏直播平台最重要的收入来源，占整体收入的 93.5%。随着各平台云游戏、直播带货等新型业务在 2020 年的起步与快速发展，游戏直播平台的收入来源也将更加多样，直播业务的收入占比会逐渐下降。游戏直播平台与游戏公司的进一步合作，以及平台用户本身较强的游戏属性将助推平台收入快速增长。

移动电竞用户规模的迅速扩张也促使游戏直播平台用户数量逐年攀升。2019 年中国游戏直播平台用户规模达到 3 亿，较 2018 年增长 15.4%。尤其在 2020 年新冠肺炎疫情的影响下，玩游戏、看直播成为更多人休闲娱乐的选择，其推动着游戏直播用户规模在 2020 年的稳健增长。随着未来用户规模增减的逐渐趋缓，付费用户规模的增长将成为游戏直播平台下一步的努力方向。

游戏直播呈现出如下特征：第一，游戏直播规范化，通过游戏界、司法界、学术界的共同努力，游戏直播版权保护规范取得实质性突破；第二，游戏直播平台业务模式不断创新，立足于全球化布局，探索开拓海外市场的可能性；第三，游戏直播平台与MCN公会的业务合作愈加深入，游戏MCN公会在成为平台直播重要内容来源的同时，不断在产业链上下游拓宽业务范围；第四，游戏直播行业整体竞争格局基本确立，形成"两超多强"的行业格局，行业趋于饱和；第五，游戏直播平台内容覆盖逐渐扩大，不断衍生娱乐、秀场、电商、陪玩等多元化内容，赛事版权竞争愈加激烈；第六，平台主播遵守法律，司法部门发布规章制度，用以规范平台竞争秩序。

（二）游戏类直播未来发展趋势

1. 平台发展趋势：竞争差异化，平台秀场化，增值服务化

游戏直播平台的竞争已经由激烈转向缓和，市场趋于冷静。随着直播平台的盈利需求变强，直播平台普遍开始采取各种手段开源节流。可见，随着直播平台商业模式的完善，未来平台很有可能会推出大量的会员增值服务，如提供无广告、高画质直播等。

受到移动互联网和智能设备等多方要素的影响，移动端已成为直播平台必争之地。随着以触手、狮吼为代表的新兴移动游戏直播平台加入市场，游戏直播行业进入了移动化时代。这些新兴移动游戏直播平台充分发挥自身优势，切入移动游戏直播的垂直市场，在游戏直播市场上"后来居上"。与此同时，各个游戏直播平台加快完善移动端体验的过程，并抢夺移动游戏直播内容，

聚合优质客户资源。

2. 平台竞争趋势：在线娱乐行业竞争与合作并存，短视频进军游戏直播领域

随着游戏直播行业不断发展壮大，游戏直播的竞争不再局限于行业内部，而是同时面对着来自更多其他在线娱乐形式的竞争。例如，近期热度高涨的短视频平台，获取了大量的互联网用户的在线娱乐时间。尽管游戏直播具有高沉浸性、耗时长等特点，面对新兴娱乐形式具有一定的抵抗力，但也受到了一定的影响。与此同时，短视频具有极强的内容沉淀特性和社交属性，直播中大量的亮点内容可以通过短视频的方式向外部传播，从而有助于将短视频观看者转化为游戏直播用户。

目前，头部短视频平台均开拓了直播业务，短视频平台日益成为游戏直播的有力竞争对手。在各大短视频平台当中，快手更进一步，试水游戏直播领域，对游戏直播内容进行了布局，对主播阵容及赛事内容进行投资，并且通过原有短视频内容导流。随着《绝地求生》赛事内容的持续火热，快手联合香蕉计划共同筹备打造 KGPO 快手公开赛，旨在通过高质量独家赛事这一崭新的形式吸引新的游戏直播用户。

3. 游戏直播平台进军电商直播领域，开拓带货新渠道

2020 年新冠肺炎疫情期间，线下渠道的衰弱使得线上流量成为各平台重要的获客来源，直播带货也因此在经济复苏中扮演了重要的角色。游戏直播平台在新冠肺炎疫情期间纷纷开展抗疫公益直播活动，为受疫情影响的品牌及农产品销售贡献力量，助力复工复产。而在传统的“618”电商节中，游戏直播平台也紧随热点推出平台专属电商节，开拓直播带货新渠道。

4. 主播趋势：主播进入大浪淘沙式竞争阶段，AI 主播出现

随着游戏直播的迅速普及和商业模式的日趋成熟，游戏主播的门槛迅速升高，主播能够轻易获得丰厚薪资的时代一去不再来。随着直播平台愈发注重营收，只有表现优异、流量突出的头部主播才能成功签约，游戏直播平台也不断提高签约主播获取粉丝礼物量级的要求，对于无法达到绩效考核要求的签约主播，则会面对被平台辞退的现实。正是因为这一原因，主播们开始不断挖掘新兴直播内容，也有部分主播甚至加入了经纪公司，由其策划各类事件，从而提升自己的人气。

游戏直播行业虽然蕴含着巨大的利润，但是游戏主播之间的收入差距也日益扩大。2019 年各游戏直播平台热度 TOP1000 的主播收入占全平台收入的 31%。不过与 2017 年的约 80%的占比相比，腰部主播对平台收入的贡献能力已经大有提升。就不同网络游戏直播平台而言，头部主播的游戏分区与游戏热度有一定的正相关性。2019 年主流游戏类型仍然是 MOBA（Multiplayer Online Battle Arena，多人在线战术竞技游戏）类游戏，如《王者荣耀》《英雄联盟》等和射击类游戏如《绝地求生》《穿越火线》等，头部游戏主播也相应地基本位于这些游戏专区。

在主播归属方面，头部游戏直播平台主播的归属呈现出平台归属集中度高，公会归属集中度相对较低的分布态势。据调查，热度 TOP1000 的主播集中在头部游戏直播平台，其中斗鱼、虎牙直播在头部主播拥有量上处于领先地位，TOP1000 的主播共占据了全平台 30%以上的热度，快手直播、企鹅电竞、哔哩哔哩直播等平台共同占据全平台 38.2% 的热度。进一步分析热度 TOP1000 的主播所属公会情况可以发现，千位主播所在 MCN 公会总数超过 200 家，公会归属集中度相对较低。其中小象大鹅、

伐木累、炫石互娱、傲之最等公司均为拥有头部主播较多的游戏MCN机构，在小象互娱和大鹅文化合并后，游戏MCN机构行业格局或将迎来新的竞争格局。

与此同时，在科技迅速迭代的情况下，AI（Artificial Intelligence，人工智能）主播开始出现，成为主播发展过程中的另一重要类型。虚拟主播背后仍是使用卡通形象的真人，而AI主播则是完全虚拟的形象。知名虚拟偶像初音、洛天依等证明了虚拟形象的魅力、吸引力和其背后的商业价值，而游戏直播平台推动AI技术在直播领域的应用，将使得游戏直播行业具备更为广阔的想象空间。在未来，真人主播、虚拟主播和AI主播之间，或将互相赋能，优势互补，共同打造全新的游戏主播生态。

5. 游戏直播内容发展趋势：游戏直播平台搭建内容生态

直播内容一直都是直播平台的核心竞争力，随着行业的发展，游戏直播平台的内容竞争已经从游戏主播挖角竞争转变为内容生态竞争。观察各平台直播内容可以发现，头部游戏直播平台在原有游戏和赛事直播内容之外，正在不断拓展娱乐、秀场、自制赛事、自制综艺等多样化内容形态。新冠肺炎疫情期间，游戏直播平台在社会公益、在线教育、电商购物等版块做出了更多的探索性直播尝试。

6. 游戏直播平台付费模式：依托优质内容培养用户付费习惯

在国内游戏直播行业发展之初，“百播大战”使得免费观看直播成为游戏直播平台争夺用户流量的有效方式。随着游戏直播行业竞争格局的逐步清晰，以及电竞赛事内容质量的不断提升，优质内容成为游戏直播平台打开用户付费大门的敲门砖。在《英雄联盟》S9全球总决赛期间，斗鱼直播推出付费观看内容；而在2019年《英雄联盟》LPL（League of Legends Pro League，我国最高级别的《英雄联盟》职业比赛）赛事中，虎牙直播和企鹅电竞均推出了第一视角付费观看内容。与视频平台推出的超前点播模式类似，游戏直播平台以优质内容（头部赛事和差异化模式）和可接受价格（目前各平台主要为 3 元人民币/次）相结合的方式，逐渐培养游戏直播用户的内容付费习惯。

7. 游戏直播平台业务发展：直播平台纷纷布局云游戏市场

技术的升级与创新也为游戏直播行业带来了崭新的发展前景。5G 技术的商业应用带给云游戏新的市场空间。在国内首先发力云游戏市场的是游戏厂商（如腾讯、网易）和电信运营商（如咪咕、小沃），这样的抢先布局是因为其具备游戏资源或 5G 技术等方面优势。而游戏直播平台在进入云游戏领域时同样有自身优势，一方面，游戏直播平台本身是十分重要的游戏内容传播渠道，原本只观看直播的"云玩家"可通过云游戏快速成为真正的云游戏玩家；另一方面，云游戏和直播场景的联动，将给游戏直播创造更大的想象空间，同时也能使用户获得更好的游戏娱乐体验。

8. 游戏直播平台生态发展：万物皆可直播，"直播＋"不断拓展平台内容边界

从游戏和娱乐直播内容出发，各大游戏直播平台已发展出众多垂直细分直播领域。而随着游戏直播平台用户流量和整体影响力的稳步提升，直播的重要程度也将越来越高，各类内容与直播结合将产生新的能量。这一点在 2020 年新冠肺炎疫情期间表现得尤为明显，依托直播的载体，直播可以触达更多的用户群体。在未来，更多的细分内容将加入到直播中来，满足越来越个性化的用户需求。当然，万物皆可直播还有前提，直播形式的介入必须建立在合法合规的基础上，以不侵犯他人权益为基本准则。

四、直播＋电商：最佳流量变现方式，商业潜力不容小觑

随着直播技术的不断发展和完善，电子商务将会迎来新一轮的发展机遇期。对于电子商务而言，直播能够加快商品的销售转化，提升产品和品牌的知名度与美誉度，增强电商平台的竞争力和影响力。直播行业的商业潜力不容小觑。2020 年 3 月，我国网络直播用户规模达到 5.06 亿，较 2018 年底增长 1.63 亿，占网民整体的 62.0%。正所谓“流量即入口，流量即金钱”，尽管打赏模式已经没有太大的发展空间，但伴随直播行业的巨大流量优势和广告市场视频化趋势，网络直播仍然是广告主的重要布局点，而网络直播最佳流量变现的方式之一就是“直播＋电商”。

电商直播，是基于视频直播这一商品信息承载方式，将直播内容与电商产品紧密结合，促成用户“即看即买”的营销模式。不同于游戏直播和秀场直播中过度依赖打赏的变现方式，电商直播作为一个强销售结果导向的模式，其参与直播的最终目的就是促使购买行为的发生。一方面，网络直播为广告主提供了流量平台，从而解决了商业变现的问题；另一方面，广告主也能借由直播的互动特点进行品牌宣传，进而达到将直播用户这一潜在消费群体转化为直接的消费创造者的目的。电商直播通过提供有价值的内容，将企业方、产品、服务、消费者连接在一起，改变了传

统营销中产品与消费者割裂的状态。在电商直播营销中，网络直播担任着搭建消费者与商家信息沟通桥梁的媒介功能，可以有效拉近消费者与商家的心理距离，这对于电商平台来说，既带来了流量，又创新了商业模式，是一举多得的上佳营销途径。

一对多的实时互动，比简单的商品介绍更有效。针对直播电商的操作，淘宝、京东已经率先入局。如今被称为“淘宝第一主播”的薇娅在 2019 年的淘宝“双十一”直播当天单日销售额就达到 3.3 亿元。

（一）电商直播的参与主体：传播主体＋电商平台＋用户

1. 传播主体日益多元，网红担任消费意见领袖

随着移动互联网的普及及智能移动端等技术的成熟发展，网络直播的操作日益简易，门槛逐渐降低，任何人都可以参与其中，成为网络直播的传播主体。电商直播中的传播主体主要由三类人群组成：明星、网红和达人。明星和网红拥有庞大的粉丝数和用户基础，自带流量光环，是消费群体中的意见领袖。他们利用粉丝对自己的认可，将网络流量从各种社会化媒体平台上转移至电商平台，通过输出内容刺激电商消费，进而为用户的购买决策背书，促使其达成交易，这一背后的逻辑链条也即所谓的“带货”能力强。明星多以发布会等形式出现在直播环节中，达人则更像线下促销员身份线上化，营销过程具有偶然性。达人如果不能通过生产高价值内容实现前期粉丝积累，就很难实现自身的商业价值。电商直播的传播主体中参与更多的还是网红，电商直播的蓬勃发展离不开网红的推动。从影响力来看，网红是新消费方式的意见领袖。

2. 电商平台：销售转化与商业创新

电商平台是网红主播与用户互动的网络空间，电商平台虽然并非真实平台，但是它承载着产品，是主播、用户、商家的重要连接渠道。在当前发展局势下，无论是自建平台，还是第三方平台，均面临着流量成本急剧增加的问题。随着竞争者越来越多，流量成本越来越高，电商产品“直通”虽然能够提高产品的曝光度，但是实现这一目的所需的花费也日益提高。传统的曝光方式和打折让利尽管能够为店铺引来流量，但点击量和流量的转化率依然疲软，流量是否精准，商品是否能够满足消费者的需求，以及是否符合消费者的评判标准，依然是电商平台需要特别关注的问题。电商平台还需要考虑，引流所换来的销量能否抵消高昂的引流成本。

3. 用户：电商直播的利润来源

用户是电商直播的存在基础，也是电商直播的利润来源，对于网络直播电子商务的发展具有至关重要的意义。用户是电商直播营销整个过程中最重要的一环，也是 B 端的闭环，有了用户的介入，电商直播的整个链条才得以实现自身的商业价值。电商可以分为 B2B（Business-to-Business）、B2C（Business-to-Customer）、B2B2C（Business-to-Business-to-Customer），还有 C2B（Customer-to-Business）几大类。直播电商的电子商务类型，非常契合互联网精神，即从用户的需求出发生产产品，将用户视为生产的中心，用户先于产品。电商直播营销很好地满足了用户的需求。用户思维是互联网思维中最鲜明、最重要的思维，与工业时代商品至上的原则不同，用户思维关注的是人，而不再仅仅是物。用户思维主导下的产品模式不再是机械化的生产，而是创造产品时关注用户本身。在电商直播中，用户可以直接向主播提出与产品相关的问题，说明想要主播试用的产品，不用再像过去那样，只能单向地看图片、看评论。直播电商关注用户消费过程中的感受，并尽可能地满足用户的需求，以此来进一步刺激用户无时差地完成购买行为。

（二）电商直播的特点：即看即买

1. 直观展示，降低用户选择成本

电子商务虽然方便了用户的日常消费，但是囿于自己在硬件设备上的局限，往往不能让用户产生“身临其境”和“货真价实”的购物感受。在产品品类层面上，电子商务也有一定的局限性，同一款产品在不同的电商平台上售卖，或者同一电商平台不同卖家售卖同一款商品已经非常常见，电商平台产品的同质化现象非常严重。但是更严重的是，产品的介绍和图片也存在严重的同质化现象。一方面是商家缺少创意性的运营模式和营销策略，商品图片大多选择复制粘贴，致使产品的特点和功能不能有效地区分和展示；另一方面，电商平台的供应商也存在类同现象，导致产品介绍、文案宣传等出现大范围的类同。由于有太多的“同款”，用户不得不搜索比较，从中选出自认为性价比最高的产品。这种购买方式大大降低了网上购物的体验感，过往产品与图文不符的较差购买体验也增加了用户对网购商品的疑虑。在试错成本高的情况下，用户往往通过比价选择“同款”中价格较低的产品，长此以往必然会对电商平台的健康发展造成影响。

上述的电子商务的局限性在网络直播形式当中能够得到有效避免。网络直播采用视频的方式与用户进行互动，全方位展示产品的功能属性，让用户从颜色、款式、质地等多维度了解产品，

使信息不对称的问题也得到有效缓解，用户能够更加主动地了解产品。另外，直播环节中经常有发福利、代金券等促销活动，这样也能有效地促进用户完成下单行为。

2. 实时互动，增强购物趣味性

网络直播为电子商务打开了一扇窗，为电子商务增强了互动性的成分，也让用户有了更强的参与感。网络直播不仅可以让用户及时了解相关联的动态信息，还可以让观看直播的用户与商家进行沟通交流，用户可以将自己的想法、感受等，发表在评论和弹幕上，实现与其他用户的互动，具有较强的社交性。这种互动给用户带来的同场感是网络直播的核心优势。现阶段，视频直播的实时互动主要通过发送评论、弹幕等形式实现。而未来 VR 技术的成熟则将进一步促进网络直播的发展，届时，所有观看直播的用户都可以与主播直接在虚拟空间中进行交流，这能够极大地满足用户购物的在场体验感。

视频直播同时具有不可预测性，与经过精心策划及多次排练的综艺节目等视频相比，无论是主播还是用户都无法知道视频直播下一秒将会发生什么事情。随着户外直播的兴起，潜藏在人们内心深处的好奇心和探索欲也被进一步激发出来，这对于直播电商来说，或许又将是一次创新商业模式的绝佳机会。

3. 形式灵活，满足各类需求

直播电商的形式非常灵活，人们无论是在街上，还是在商店里，抑或在储物的仓库，都可以进行直播，与买家进行互动和交流。网络直播内容的采集方式和生产方式非常灵活，同时用户需求的多样性也决定了网络直播内容的丰富性，包括吃饭、旅游、购物等各种不同的活动，都能够成为直播的内容。而且直播内容采集也比较简单，仅需要一部智能手机就可以完成。

网络直播内容的发布也非常灵活。无论是专门的直播平台，还是淘宝等电商平台，只要申请入驻并通过审核便可以轻松发布自己的直播内容。另外，网络直播内容的接受也非常灵活。对于用户而言，只要有电脑等智能设备，便可以登录直播平台寻找自己感兴趣的商品和信息。

4. 操作简易，真正赋权受众

大众媒体时代，内容制作与用户接收之间的地位是不平等的，内容制作方具有更强大的主导权，而用户则处于较为被动的地位。

直播电商无论是明星、网红、达人还是普通用户，都可以登陆电商直播平台，发布自己想要分享的内容，并以此为媒介与其他用户进行互动。当然，网络直播的低门槛也容易导致直播内容的参差不齐，部分内容甚至可能触及法律底线。

（三）电商直播平台发展中存在的问题

1. 电商直播内容同质化

当下，电商直播平台的内容主要集中在美妆、服装搭配、试穿试戴等方面，内容单一且同质化现象严重，内容的单一性严重损害了电商直播的趣味性和互动性。以聚美优品平台为例，该平台的美妆直播占到80%，另外20%的内容是服装穿搭、试用等；在天猫直播平台和京东直播平台上，也是类似的内容，偶尔也会有产品发布会，但平台大部分内容还是同质化的内容。

直播是电商平台内容创新的一种方式。而在以内容为王的今天，优质的直播内容无疑是电商平台创新强有力的武器，如果没有足够好的内容，不能给用户提供有价值的信息，就很难在平台上留住用户，也就没有良好的转化率。电商直播平台内容单一化有很多原因，其中电商平台的性质、主播的专业程度、内容的审核机制、平台的引导和运营等要素，都会对直播平台的内容生产产生潜在影响。

2. 长尾电商直播转化率低

长尾电商直播是指电商平台本身未进行前期精心策划，由商家邀请小主播，甚至店主充当主播的小型直播，这类直播在直播平台的分布最为普遍。消费者通过浏览电商平台的详情页，难以在短时间内完成购买的决定，于是选择观看商家的直播，以此进一步加深对产品的了解。从内容层面进入到购买层面，本身就有一定的难度，况且由于这些长尾电商直播的产品本身的低质，很难让消费者产生购买的欲望，有可能会造成大量用户的流失。从2017年6月聚美优品一组典型的直播数据来看，某段时间内，直播间内用户最多达到3.2万，但是整个直播最终的成交量只有8单，转化率只有0.025%，远远没有达到电商对直播的销售转化要求。也就是说，虽然电商平台对直播寄予厚望，但是部分场景下（如长尾电商直播），其实际转化率还有待提高。

3. 优秀电商主播匮乏

电商主播是用户在消费过程中的意见领袖，能够为用户的网络购买行为产生至关重要的影响。在电商直播中，电商主播占据绝对的主导地位，无论是电商直播的质量、直播最后的销售转化率、平台自身的用户黏性，都与主播有着密切的关系，虽然用户观看直播是为了获取商品知识，了解商品功能用途，但电商主播在用户购买商品的流程当中拥有极大的话语权。电商主播通过各种直播技巧与用户进行互动，不断取得用户的信任，进而完成商品的销售工作，这是一件专业度要求较高的工作。正如某淘宝店主在江苏师范大学授课时所说，电商直播的主播并不轻松。相较于其他平台的泛娱乐化直播的主播，电商平台的主播在直播前需要做大量的准备工作，比如商品的选择，对商品信息的深入了解，对商家优惠券等利益点的了解，还要对产品卖点进行提炼，直播后要对用户的反馈信息进行整理，等等。培养一名优秀电商主播并非一件易事，需要经过长期的实践和练习，这一客观要求造成了优秀电商主播在人才市场上紧缺，这也是目前电商直播平台亟待解决的行业问题。

4. 电商直播平台用户黏性不高

电商直播的用户往往是基于购买商品而观看直播，这样的出发点造成用户对主播的忠诚度比较低。据淘宝直播数据显示，目前观看淘宝直播的用户虽然已经超过千万人次，每天的直播数量接近 2000 场，但是淘宝直播的流量会随着电商行业出现季节性起伏。如在经历了"双十一""双十二"之后，由于用户的购买力被大大透支，淘宝直播间的流量也会随之下滑。京东的"618"和苏宁的"818"购物节之后，也会出现类似的情况。随着用户的购买力下降，电商平台要面对的就是用户的流失，之前直播中积累的用户黏性也会逐步减弱。另外，电商平台本身就有用户黏性不足的问题，产品的购买行为往往具有周期性，是一种低频行为，用户不会每天都买。对于一些用户来说，浏览图文信息已经能满足了解产品信息的基本需求，就不会再观看直播，毕竟观看直播需要付出一定的时间成本，这也造成了电商直播的用户黏性不高。

五、直播＋教育：纵深领域细分，开启个性化教育新时代

教育是直接影响下一代的大事，每一位家长都竭力为自己的孩子提供良好的教育条件。直播作为在线教育的重要手段，受到大量教育企业的青睐。根据胡润研究院 2019 年发布的“独角兽指数”显示，在教育类网络平台中，包括 VIPKID、作业帮、iTutorGroup、高顿、沪江、慧科教育、一起作业、猿辅导在内的八家企业均有上榜，并且这些企业都以在线直播为主要战略之一。无论是一对一辅导，还是一对多辅导，无论是 K12（kindergarten through twelfth grade，是指从幼儿园到十二年级的特定学生群体），还是职业教育及传统管理培训，在线直播都在网络教育领域扮演了至关重要的角色，教育直播的发展已逐步形成星火燎原之势。

随着互联网、云存储、人工智能等技术的进步，互动教学直播在教学场景的营造中具备的优势越发明显，教育直播能最大限度地还原线下学习模式，实时互动、答疑和督促等直播环节，极大地提高了学习的效果和完成率，从而实现更高的教学价值。另外，在线直播互动教育集“教、练、测、评”为一体，能够为用户提供个性化的教学，打破了时间和空间的限制，优化了教育资源的配置，性价比相对较高。教育直播的服务与效果优势相辅相

成，不断激发用户对直播互动教育的强烈需求。

2010 年以前，我国直播互动教育的发展以政府支持为主，在线教育经历了萌芽阶段和短暂繁荣发展阶段。2010 年以后，受中国大学 MOOC（慕课）、可汗学院等在线教育融资风暴的影响，在线教育公司如雨后春笋般出现。同时，随着互联网技术和教育信息化技术的发展，在线教育的内容、形式逐渐丰富多样，教学体验感逐步提升。此外，大数据和人工智能技术的发展将赋能教育行业，在线教育将被重新定义，教育产业结构将会进一步升级。目前，直播互动教育市场整体仍处于整合阶段。

（一）直播互动教育的组织架构和产业链

直播互动教育是指以互联网为媒介，利用多媒体及其他数字化手段进行的师生面对面实时互动教学活动，这一形式打破了时间和空间对于教育的限制，极大地提高了教育的共享性和实时性。在直播互动教育的组织架构中，基础网络设备、学习终端设备、教师、教学内容、直播教学平台、学生等是构成直播类在线教育的基本要素，这些要素共同形成了直播教育的产业链条。

当前的直播应用已形成跨越从学前到成人的全年龄段教育，同时具有适配线下不同细分教学场景的多种应用形式和工具，贴合用户心理，力求最大化还原线下教学体验。长期来说，未来教学机构可能会根据自身情况进行线上线下双平台布局，以期达到最优效益。

在直播教育中，一个完整的直播系统由信息采集、预处理、编码、传输、解码、渲染等几个环节组成。教师端通过硬件设备提供信号源，硬件设备和云服务端共同完成信息的预处理和编码工作，信息则在云服务端完成转码等处理工作，以此来适应不同设备格式，支持不同的网络协议，然后经过内容分发网络传输到学生端，并在学生端的设备上完成信息的解码和渲染工作。教育直播系统在适应不同播放模式的同时，也能实现音频、视频同步等效果。在学习过程中，师生间的互动主要是以文字交互的方式进行。在视频直播过程中，云端伴随相应的录制功能，并将录好的视频保存在云端，供学生们进行点播，以供学生们在课后随时翻看复习。

当下，中国在线教育行业的主要参与者有教学内容生产方、学习工具研发方、技术设备提供方和学习平台提供方。在网络环境下，教育运营商为了提高教育的质量和效率，搭建了一个集合不同主体要素的生态系统，教学内容生产方将开发的学习内容提供给各教育培训机构及其平台，各培训机构利用先进的在线教育技术及学习工具，传授用户以知识，最终构成整个在线教育行业的生态环境。

在线教育人口基数大，市场覆盖面广，且层级丰富多样。应该以教学为中心，向产业链上下两端扩展，其中内容生产方和技术服务方作为产业链的上游，负责向教师提供教学所用的视频、学习资料、教辅设备及工具等；用户作为教育内容接收者，处于产业链的下游；产业链的中游是不同类型的培训机构及用户在学习过程中所用的工具类产品。在线教育的内容生产方主要包括高校、教辅教材发行商及适应新兴教学模式的其他内容生产商。这些内容提供方需承担起将纸质教学内容数字化的责任，并不断适应新兴教学模式和教学内容的开发，以方便老师对教学内容加工和备课、学生自主学习，其主要盈利模式是对课程或相关资料收费。在线教育的技术服务方所提供的服务包含直播设备租赁、直播平台供给、技术问题答疑等。在线教育的技术服务方虽然不直接输出教学内容，但其是实现在线教育的基础，甚至直接决定了教学体验。在线教育的主要商业模式是B2B，盈利模式较为清晰，直接向B端用户收费。

在线教育经过多年的发展积累，其拥有的市场规模不断扩张，商业模式也经过众多创业者的不断摸索与创新而不断丰富。目前中国主流的在线教育商业模式主要包括B2B型、B2C型、B2B2C型和C2C型，其中B2B型和B2C型是市面上最常见的商业模式。B2B型主要是向企业或学校提供技术或教学资源，其客户稳定性相对较高，盈利空间也相对较大。B2C型则对优质师资和教学内容的要求更高，名师和优质内容能够吸引更多的流量，马太效应容易在B2C型体现。B2B2C型和C2C型相对于教师而言，自主性相对较高。

直播互动教育大体上囊括了在线教育多样化的盈利模式，获利点主要集中在内容、平台、技术及广告这几类。其中向C端（学生、家长）直接就内容及内容衍生产品收费是较为常见的盈利模式。此外，还会因向C端提供一定的工具或技术服务而收取一定费用。在线教育培训市场与B端的合作较为密集，在平台、技术、软件和硬件等方面较容易形成壁垒，因此B端提供的服务覆盖面更广更全面。同时，由于B端平台方手握大量的流量及优质的内容，利用平台进行渠道分发和在平台投放广告等方式也是常见的盈利模式。虽然现阶段在线教育的盈利模式层出不穷，但用户最关心的还是学习内容及学习效果，用户愿意付费的前提也是为他们心中的效果买单，故教育企业始终要将目光聚集于教学效果本身，提升教学的有效性。

（二）直播互动教育的市场特征

1. 技术支撑，资本驱动，企业频繁转型或布局直播

2016年是直播元年，直播的火热带动诸多领域火爆，直播+教育更是备受资本和创业者青睐，直播互动教育的发展呈井喷之势，许多教育企业纷纷转型或者涉足直播互动教育领域，直播赛道聚集了越来越多的“玩家”。其中，转型直播的教育类企业包括以拍照搜题等为主的工具类企业、专注于提供内容的在线少儿英语内容提供商，以及家教 O2O（Online to Office，在线离线/线上到线下）类企业等。另外，原来以录播或面授为主的教育机构也开始进行直播教育的尝试，形成“直播+录播+辅导老师”等形式的教学模式。教育机构纷纷转型或涉足直播互动教育，究其原因，主要是受技术和需求的驱动。其一，随着互联网、云存储等数字技术的进步，直播对教学场景的营造优势越发明显，而教育市场对直播+服务的理解也不断加深，直播逐渐在行业内部变得炙手可热；其二，直播互动教学环节所提供的服务相比于其他形式的教学活动优势更加明显，用户有更多与教师交流的机会，效果也更加好，用户愿意为此付费。

2. 成人教育依然占据市场主体，K12教育成必争之地

高等学历教育及职业培训一直是中国在线教育的市场主体，占整个在线教育市场规模的80%左右。成人用户大多具备自控能力强、学习目标明确、空闲时间有限、视力已定型等特点，教育难度较低，因此成人是在线教育的主要用户群体，尤其在提升学历、求职、考证等场景中，成人的教育培训需求更强烈。而K12教育市场，虽然市场刚需性强，但是该阶段的学习常伴随着试错

成本较高的问题，K12 家长和学生对在线教育持谨慎态度，因此在发展初期占比较低，2012 年占比仅 9%。随着"80 后""90 后"父母教育意识和消费能力的提升，"00 后""10 后"孩子对互联网具有天然的熟悉感，再加上 2020 年初的新冠肺炎疫情加快了在线教育的宣传推广，K12 家长及学生群体对在线教育的接受度正在快速增长。2019 年，K12 教育的占比已提升到 21.3%，而高等教育及职业培训的占比下降到 75%。

3. 技术与需求驱动市场发展，优质师资和内容需求旺盛

当前，直播互动教育市场一片火热，在数字化技术和智能技术的加持下，教育直播行业发展速度迅猛，这也极大地刺激了用户对教育的需求。教育直播之所以发展得如火如荼，主要得益于以下几个原因：其一，相关部门的政策鼓励与支持，为在线教育的发展提供了强大的推动力，大幅提升了业内相关人员的信心；其二，教育直播市场底层技术的不断成熟与系统化也为直播行业的快速发展创造了有利条件，云计算等技术的发展为直播互动教育的落地提供了有力支撑；其三，大数据、人工智能等新兴技术不断崛起，为在线教育个性化教学提供了先进的技术手段，VR 等新兴设备与教育领域的碰撞，有利于更好地针对用户个人特点因材施教，而且为教育场景的营造创造了契机；其四，资本市场日益活跃，巨大的教育市场受到资本和创业者的青睐。同时，直播教育市场也存在着市场认可度低、付费意识欠缺、名师缺乏及同质化竞争严重等不足。

（三）直播互动教育的发展趋势

1. 变革逻辑：运用技术手段，重塑传统教育流程

伴随着学生学习习惯的在线化转变，学生的很多学习行为、

学习方式、知识掌握程度等数据将被记录，从而为平台积累标签化的数据库储备资源。教育机构通过对学生的大数据进行分析，可以将学生与教师的个性、教学偏好等方面的契合度进行匹配，为学生找到最适合的教师；通过对学生学习习惯和知识的掌握情况等方面进行分析，还可以为学生制定个性化的教学方案，规划最优的学习路径，推荐适合学生的学习内容等。在大数据的帮助下，在线教育不仅可以减少学生的重复性工作，使学生的学习效率大幅提升，而且可以提高学生对知识掌握的广度和深度。

在线教育直播能够为学生、教师和教学机构三方带来价值。从整体上看，教学直播在我国教育行业的渗透率持续增长，同时在企业直播服务商技术不断升级迭代的保障下，线上教育直播的灵活性及与教学场景的贴合性也不断提升。

教育行业主要通过科技手段变革，变革方向就是通过优化教育资源、完善教育教学工具等方式不断实现教、学、练、测、评环节的贯通，进而引导传统教育转为线上化或线上线下相结合。截至目前，教育直播行业的变革大致可以分为三次：其一，2000年前后以教辅为切入口，用户可以在单点场景中体验新型内容和工具；其二，2010年前后通过重组供应链体系和优化师资招募体系，直播平台向用户提供完整的在线课堂服务，实现第一次质变；其三，2015年前后直播教育得以将教学场景重现，线上线下教育场景开始走向融合，直播教学平台向用户提供包括教学练测评、日常答疑服务、学习任务管理等在内的全套解决方案，以提升用户的学习体验感。教育行业的现状是上述三重变革叠加的结果。

2. 市场更多品类被在线化，教育市场纵深领域持续细分

随着直播技术不断完善，直播在教育中的应用也越发成熟，直播互动教学致力于最大限度地还原教学的场景，而经过市场不断地发展，用户对在线教育的认可度也有了长足的提升。目前，在线教育市场已经不再局限于语言培训、职业培训，越来越多的教育品类开始被在线化。

3. AR和VR等新兴技术强化沉浸感，教学场景进一步优化

增强现实（Augmented Reality，AR），即以真实世界为依托，叠加数字创建的虚拟世界，这一技术的赋能可以使真实世界更加立体和具象。虚拟现实（Virtual Reality，VR），即虚拟现实世界，为使用者创建一个完全基于数字环境营造的想象的复制的新世界，抑或是模拟真实的世界。未来AR和VR技术有潜力成为教育市场的标准工具，依托高新技术，用更丰富的手段来展现内容将成为教育市场的刚需。针对实操性强或场景化要求高的学科，通过AR和VR营造出仿真的教学场景，可以使教学场景更具沉浸感和交互感，这样不仅能改变学生对知识的认知方式，而且能够加深学生对知识的理解，提高学习效率。

4. 目标市场下沉，战场向三、四线城市及以下转移

中国的教育行业受集中制的体制影响，优质的人才和资源不断向一、二线城市倾斜，教育资源分布不均衡，而资本本身也聚集在一、二线城市。因此无论是老牌教育机构还是新兴创业者，均将目标定位在一、二线城市，该类市场内部竞争激烈。从需求的角度来看，市场品牌格局基本稳定，一、二线城市用户往往倾向于选择具有品牌和口碑的企业，导致教育供给端市场竞争异常激烈；而三、四线城市潜在用户量巨大，同时面临缺乏优质教育资源的问题，并且随着基础设施的完善和消费水平的提升，用户对教育的需求大幅增强，该类市场会有很多机会。在线教育正好能打破资源分配不均衡的现状，优化资源配置，实现供需双方的共赢。总体从需求端来看，直播教育目标市场存在从一、二线城市向三、四线城市下沉的趋势。

5. 教育整体分层走向在线化

教育行业具有互联网化程度低、变革缓慢的特性，但伴随着技术进步、消费需求提升、公共卫生等特殊因素的影响，互联网和新科技对教育行业的渗透正在不断加强。教育行业按客户群体可分为 To C（Customer，消费者）和 To G（Government，政府），以及 To B（Business，企业）三大类，其中 To C 市场化程度最高、用户寻求高质量产品的动力最强；To G 属于财政经费型市场，优秀教师聚集，行为规范度高，管理者关注的重点在“管理效率”，目前以智能硬件和管理软件产品的辅校率最高，核心教学环节仍在线下场景内完成；To B 目前以管理系统等单品切入，未来以整套解决方案为目标。教育直播行业三大领域发展水平和推进逻辑差异较大，跨领域经营的企业需慎重考虑投入产出比。

六、直播＋文娱：直播“协调”众口，亿万观众各有所爱

（一）直播＋体育：新媒体发力，体育直播创新进行时

在传统媒体时代，体育赛事的直播版权是各个传播平台必争的。近年来，中国体育产业呈现快速发展的态势，人们对高水平体育赛事的观赏需求持续高涨。互联网加快了体育产业内部运营模式的变革，各大在线体育平台、视频平台都在积极购买体育赛事的直播版权，通过为用户提供丰富、高清、专业的直播服务，提高用户的忠诚度和黏着度。国内的体育赛事版权运作也正朝专业化和正规化的方向不断发展，在优质版权和优秀服务的基础上，在线体育平台逐步展开用户付费收看、在线广告、版权分销等业务，借此实现商业对内容的反哺，推动行业进一步发展。以NBA为例，2015—2016赛季，NBA在线直播覆盖独立用户4亿人次，收看直播的用户达1亿人次，赛季总播放次数超过200亿人次，其吸引的流量巨大，传播效果喜人。

1. 发展现状：新政策引入，重大赛事转播权逐步放开

体育直播市场发生着较多的转变，该市场内部向来竞争激烈，新政策又将市场化机制引入行业内部。赛事转播权放开之

前，央视往往主导版权谈判与购买，然后协商进行版权分销，导致央视“一家独大”，转播权价格难以上涨，远远低于体育产业成熟国家的水平；赛事转播权放开之后，多方主体得以共同参与，在市场化机制下竞争赛事版权，央视“垄断”的局势有望逐步打破。新媒体加入体育赛事版权的争夺，可促进新媒体与传统媒体融合发展。如此一来，转播权的价格也逐渐水涨船高，上涨猛烈。

2. 新媒体环境下的体育直播模式创新

相较于传统媒体，新媒体具有互动性、实时性等优势，能够连接体育产业中的不同主体要素，提高用户黏性，为体育直播模式的创新提供了有利的条件。近年来，新媒体加速入场，纷纷涌入体育产业内，如腾讯体育等新媒体参与到赛事版权的争夺中，成为赛事转播的新兴力量。

随着不同商业主体的竞相加入，电视媒体、网络媒体、赛事组织机构、用户、广告商、技术服务商等在直播产业中的地位和角色日渐清晰，体育直播产业链也日趋完善，新媒体在直播产业中的地位逐步上升。

新媒体的加入改变了用户观看比赛的习惯，人们越来越喜欢通过移动端设备来观看体育赛事直播。易观智库数据显示，近年来我国体育直播市场 PC 端和移动端呈平分秋色之势，体育平台的直播用户活跃度不断提升。

新媒体以赛事内容为核心，多角度创新体育直播。首先，体育比赛的核心资源是赛事内容，好的比赛拥有海量的粉丝，并且黏性较高。因此围绕着赛事内容的创新是新媒体的主要方向。其次，新媒体借助产业上游的资源优势，自制赛事 IP 和衍生体育节目，把比赛做成报道及关于运动员的真人秀节目，大大提高了体育内容的价值。最后，体育直播除了发力内容，还在形式上依托高新技术尝试了新的形式变革。例如，引进 360 度全景摄影等科技，从直播技术上做变革，进而给用户更好的体验。

体育直播平台为了尽可能多地聚合用户，构筑自己的体育直播生态，纷纷发力不同类型的赛事资源，用海量的内容提高对用户群体的覆盖率，提升用户的忠诚度和黏着度。体育直播平台凭借海量赛事版权，让用户获得了更加完美的观赏体验。

3. 体育直播未来发展趋势：内容与技术并进

未来新媒体将在直播的内容与技术上双创新。在赛事内容上，为缓解占领优质赛事带来的巨大成本压力，互联网企业会逐步增加对体育产业链中的上游部分的投入；在赛事组织上，互联网企业将会自制大批的优秀体育赛事 IP，如马拉松等，也会将体育与娱乐相结合，打造体育类的真人秀节目等；在直播技术上，日益发展的技术解决了带宽问题，今后还会有越来越多提升直播质量的技术出现。依托于最新技术，体育赛事有望实现跨多屏直播并且实现高清甚至是 4K 的体验。也有像 AR 这样的技术进入更多的直播节目，给观众以全新的感受。

体育直播未来发展的大体趋势如下。

首先，拥有海量赛事版权，大众比赛和小众比赛都能看。传统媒体和早期涉入体育直播产业的门户网站多数只关注热门赛事，如 NBA 等拥有海量粉丝的大众比赛，却忽略了粉丝数量同样庞大的小众比赛。而在网络直播中，这一问题得到了解决。以乐视体育为例，其不仅聚焦大众喜好的赛事，还关注相对冷门的美国职业棒球大联盟、北美职业冰球联赛、马拉松等赛事，满足了观众对小众赛事及冷门赛事的观看需求。

其次，接触体育产业上游，自制赛事 IP＋衍生节目。在内容上，体育直播也有了很大的创新，自制赛事就是很常见的一种创新。

再次，采用高科技，创造直播新体验。随着科技的进步，越来越多的技术也被运用到体育直播里，这种趋势将会在未来愈发明显。AR、VR、360 度全景摄影、3D 技术等在直播领域的运用将为用户创造直播新体验。如 CCTV-5《豪门盛宴》在 2010 年世界杯的时候，现场展示了用虚拟技术合成的各个球场，用户置身于球场内部时可以随着镜头变化发生视角的变化。英国体育频道 Sky Sports 以 3D 技术直播体育活动。天空电视台在英国设有 3D 电视的酒吧，直播球赛。

最后，4K 画面清晰度＋弹幕互动，能够实现和观众更好的交流。直播平台通过技术升级来创造更好的用户体验，赛事直播画面的清晰度已经来到超高清时代，达到了电视频道的水平。另外，弹幕互动使得节目更具互动性，更开放，增加了用户观看乐趣。

（二）直播＋音乐：借势用户高黏性，寻找泛娱乐直播突破口

音乐是颇受大众喜爱的艺术形式，几乎每个人都是潜在的音乐爱好者，也是潜在的音乐直播用户。音乐直播指以音乐作为主要表演内容的直播类型，目前主要包括歌曲演唱、乐器演奏、DJ 打碟、歌舞结合等表演形式，在泛娱乐直播内容中占据重要的地位。

1. 音乐直播发展背景：泛娱乐直播发展为音乐直播奠定基础

早在秀场直播时代，音乐就是主要的直播形式，主播们多将歌舞作为自己的表演内容。音乐直播的用户数量庞大，类型多

样。PC端的音乐直播用户相对稳定，多为最早秀场直播的忠实用户转化而来。进入移动直播时代，音乐直播的用户规模迅速攀升。这与政府对违规直播平台的规制有密切关系，大量违规平台被强制关停，使得用户进一步向主流平台聚合。随着直播行业逐渐进入收割期，主流平台之间的竞争也进一步加剧。音乐直播在经历了大规模的用户沉淀后，留存用户多为音乐的忠诚爱好者，并且随着平台运营能力的提升，用户黏性明显提高。

同时，随着音乐直播行业的红利渐显，音乐直播在音乐人群体中的接受度也不断提高，音乐人群体参与到直播产业中来的现象也越来越普遍。

音乐直播是泛娱乐直播行业中的重要内容。音乐直播覆盖用户范围广，并且是用户接触直播的重要入口。

2. 音乐直播发展历程：商业价值吸引商家不断涌入

在社会生活中，音乐往往被视为才艺的象征，表演嘉宾经常被观众报以掌声和酬劳。在网络直播中，音乐直播有较强的变现能力。在秀场直播时代，因为音乐直播的表演属性较强，故常常作为最重要的直播内容类别之一，成为各个综合直播平台的标配。2012年，酷狗音乐推出音乐直播平台，成为第一个垂直类音乐直播平台。2014年，在线KTV平台尝试接入音乐直播服务，唱吧App推出直播功能。2016年，移动直播异军突起，移动直播平台的介入使得音乐直播商家增多，竞争也异常激烈。2016年至今，各主要直播平台不断推出与音乐直播相关的运营活动，以此来聚合不同类型的用户。此外，全民K歌也加入此领域，音乐直播行业竞争愈发激烈。

3. 音乐直播产业链：分发渠道多样化，平台之间合作机会多

相对于其他直播类型而言，音乐直播蓬勃发展于秀场直播时代，自身的产业链相对完善和清晰，拥有多维的内容提供方和分发渠道。从内容提供方来说，音乐直播的主播门槛较高，对主播的音乐才华有一定的要求，但与此同时，音乐直播也给怀有音乐梦想和拥有音乐才华的普通素人提供了更多的发展可能。相比线下，在直播平台上进行表演，获取关注的门槛较低。并且，随着网络媒体渠道的不断延展，各领域间的渗透加强，主播进阶成为大众歌手的可能性将会大大提高。从分发渠道来看，音乐直播的变现能力和用户吸引能力日益受到商家的关注，各平台积极引入音乐直播功能，丰富音乐产品的形态。

4. 音乐直播分发渠道：产品形态可与多类平台相融合

音乐表演本身就有很强的舞台感染力和现场代入感，会让观众情不自禁地融入歌曲营造的氛围中去，在音乐直播中就会无形拉近主播与用户的时空距离，让音乐直播用户获得现场感，更加积极地参与到主播的表演中去。音乐直播具有较高的互动属性和表演属性，能够恰到好处地融合和连接视频类平台与音乐类平台。当前，音乐直播与各平台融合良好，并成为平台推荐较高的频道类型，可见，音乐直播拥有较大的发展空间和较强的用户影响力。音乐直播可以利用自身的融合特质，与其他直播平台开展广泛的结合和对接，从而以自身的优质内容提升平台竞争力，进而提高用户的忠诚度和美誉度。

（三）直播＋非遗：直播促进多方协作、非遗文化创新发展

根据《中华人民共和国非物质文化遗产法》规定，非物质文化遗产是指各族人民世代相传并视为其文化遗产组成部分的各种

传统文化表现形式，以及与传统文化表现形式相关的实物和场所。

当代中国的非物质文化遗产（以下简称“非遗”）保护，已由单一行业行为演进为多领域广泛参与的社会事项。比如，传媒业、教育业、旅游业、实体商业及电商、演艺行业、娱乐业、制造业、服务业、其他新业态等广泛参与非遗保护事业。各行各业不同程度地、直接或间接地参与其中，对非遗保护事业本身产生作用。非遗保护工作增加了非遗在社会公众中的可见度、影响力，让非遗的保护与利用变得越来越社会化，这也使得这项社会文化事业更加充满活力和可持续性。

“传播也是保护”的理念得到越来越多的认可，传播促传承的效应不断显现。媒体的关注、报道与推广，能够有效提升非遗项目持有者、非遗保护工作者的社会地位与文化自觉。比如，行业内已然达成“传承人是非遗保护的核心”这一共识，而“传承人”这一名词在行业外也得到了普遍认知，传承人在社会上逐渐获得了越来越多的关注与支持，而这一认知形成的过程正是得益于正确、有效、广泛而生动的传播。

目前，越来越多的非遗项目代表性传承人及其所传承的工艺技艺被社会所知晓。大多数非遗门类从业者长期处于默默无闻的“守艺”状态，而近年来随着传播渠道的拓展、行业关注度的提高，越来越多的传承人事迹及其手艺因为媒体报道而被公众所了解。比如，华县皮影传承人汪天稳与汪海燕父女，借助新闻、影视媒体宣传手艺故事，建立自媒体发布工作室动态，与动漫、网游等当代文娱形式，奢侈品、化妆品等知名品牌进行跨界合作，使华县皮影进入了大众的视野当中，转化融入年轻人热衷的潮流文化之中。

1. 社会背景：社会媒体承担重任，非遗项目走向创新型发展道路

社交媒体作为场景时代的重要因素，在民族文化传播过程中发挥了重要的促进传播的作用。社交媒体不断深入民族文化传播的市场化运作之中，有选择性、有目的性地传播民族文化中的精华，从而增进广大受众对民族文化的了解。

线下各类博物馆、展览、旅游项目与非遗的结合，虽然为非遗提供了很好的展示平台，但受地域、时间等方面条件限制，传播力有限。随着互联网的不断发展，涌现出越来越多各式各样的非遗传播形式，非遗融入现代生活的程度不断深入。

新媒体具有传统媒体无法比拟的优势，打造融媒体矩阵，不断扩大非遗的覆盖面及知名度，既可以加强非遗传承人与受众群体之间的沟通，也能加强受众群体与非遗信息之间的联系，即受众群体获取信息之后可及时做出反馈，从而使信息传播的覆盖面更加广阔。

2020 年全国两会期间，全国工商联向全国政协十三届三次会议提交了“关于优化非遗政策、引导非遗产业化发展的提案”。在两会上，代表委员们就“云展览”“网络文化”发展、文物“走”上云端、建立“手机艺术”、戏曲传承发展、没有围墙的博物馆、重视民窑文化遗产、扶持“老字号”、文化扶贫、文化热点议题等展开深入讨论，并进一步提出了一系列的文化倡导。

2. 媒体平台、非遗文化、非遗本身在“直播＋非遗”模式中多方共同发展

2018 年直播＋非遗的序幕便已拉开，在 2018 年的文化和自然遗产日，“2018 锦绣中华——中国非物质文化遗产服饰秀”通过酷狗直播形成线上线下联动，使场外的观众也能领略到一场具有文化内涵的线上演出。同步开展的还有线上的非遗展演。整场活动热度高涨，受到近 20 万观众的关注。2019 年恭王府博物馆副馆长陈晓文在第二届中国网络表演（直播）行业高峰论坛上表示，恭王府非遗服饰秀取得了超越预期的收获，6 天举办了 15 场，现场观看人数达 5000，而在直播平台上观看人数则突破了 5000 万。

2017 年直播与非遗试水融合，到 2018 年融合渐次深入，非遗逐渐成为“直播＋”中企业塑造形象的重要落脚点。不仅是恭王府这样的全国重点文物保护单位，许多直播平台及个体非遗传承人，也在这场新媒体与传统文化的融合中收获良多。

国家级民乐传承人、中央民族乐团中胡演奏家蔡阳在首次直播中便收获了 21.5 万人同时在线观看的关注度。在领略传统民乐的独特魅力的同时，线上观众会通过弹幕、评论等形式与主播进行互动。观众提出演奏二次元乐曲的创新形式的要求，蔡阳便请作曲家编曲，演奏给观众。“直播＋非遗”的模式不仅推动了非遗的传播，还在一定程度上促进了非遗的创新，使其能够更好地与现代化生活结合，实现创新发展。

3. 让非遗被看到，抖音“非遗合伙人”计划为非遗赋能

抖音在 2019 年 4 月 16 日发布“非遗合伙人”计划，以期推广中国传统文化，并通过打造非遗开放平台及开展城市合作等方式全方位助力非遗传播。在民族文化传播中用短小却内涵丰富的视频展现中国非遗项目，用户会更容易接受。2020 年 1 月 6 日，抖音发布《2019 抖音数据报告》，让我们再次看到抖音利用平台优势，为传播知识、艺术和非遗做出的巨大努力。报告显示，抖音艺术类视频全年播放量超 5431 亿次，被点赞 169 亿次，2045 万人使用“京剧武旦”特效贴纸。2019 年，93％的国家级非遗项目在抖音有相关视频，共获赞33.3亿次，每一种非遗项目都展现了形态各异的独特魅力。最受网友欢迎的国家级非遗项目为京剧、咏春拳和黄梅戏。

截至2020年1月5日，抖音的日活跃用户已经突破4亿，抖音号“非遗百将”在抖音短视频平台上拥有25万粉丝，212万次获赞，其以传统文化传承人第一角度叙事，从保护传统文化出发，对非遗的介绍和传播起到了很大作用。抖音还将结合现有平台开放能力，进一步在全社会范围内号召大众积极参与对非遗的传播。

4. 非遗传承在新媒体环境下仍面临困境

由于非遗本身的特点和大众传媒本身的目的和经验等原因，大众传媒在宣传非遗的过程中还存在一些不尽如人意的地方，猎奇化、配角化、他者化、碎片化和程式化等症结都不同程度地存在。这使很多本来因为现代化、全球化影响而生存困难的非遗的保护和发展工作开展的难度越发巨大。大众传媒应该担负起传播社会文化的责任，对非遗的传播采取客观、全面、系统、生动的方式才能取得良好的传播效果。

如今大众传媒已经构成了当代的传播语境，成为传播非遗不可或缺的媒介。但是，近年来从其对非遗的传播来看，也暴露出一些不容忽视的问题，在大众传媒话语权的笼罩下，非遗呈现出简单、空洞和变异的趋势。

七、直播+社交：发展多场景泛社交的聚合平台

社交是人与人的互动，互动里总会产生各式各样的复杂行为，它无法用一个概念、一个标签去简单界定。从某种意义上说，只需要满足人们的心灵、情感诉求，就能够产生社交行为。观看社交娱乐视频时，用户除了关注内容本身的休闲性和娱乐性外，更关注与内容生产者和其他用户通过弹幕、聊天、评论等方式，进行具有一定时效性和代入感的社交互动。

互联网发展迅速，人们的交际行为也日渐向网络迁徙，这让网络社交日渐兴起。不管是微信，还是QQ、陌陌、微博，都已在不知不觉间深度地介入并改变我们的生活，网络社交已成为我们生活中不可或缺的一部分，而社交软件现已由PC端转向移动端，并逐渐出现了由图文转为视频的趋势。

（一）社交娱乐视频细分行业对比及特征

基于平台的主要内容形式和发展历史、发展路径，社交娱乐视频行业目前有以直播为主的平台和以短视频为主的平台，二者共同组成了整个社交娱乐视频模式下不同的细分行业。

社交娱乐市场中直播和短视频的用户有较高程度的重合，从

数据来看，2018 年 6 月游戏直播与短视频重合用户占比为 56.9%，而 2019 年 6 月游戏直播与短视频重合用户占比上升至 65.6%；2018 年 6 月娱乐直播与短视频重合用户占比为 59.5%，而 2019 年 6 月娱乐直播与短视频重合用户占比上升至 67.7%。这说明，直播和短视频用户不但存在较高的重合度，而且这种重合趋势还在持续增强，行业整合趋势明显。

用户调研结果显示，大部分直播用户会同时观看娱乐直播内容和游戏直播内容，二者交叉情况明显。其中，娱乐直播平台用户中既看娱乐直播又看游戏直播的用户占比达到 77.3%，而游戏直播平台用户中既看游戏直播又看娱乐直播的用户占比达到 62.6%。

社交娱乐视频行业在不断地发展演变过程中逐渐形成一个统一的市场，这是因为基本细分市场背后用户需求存在较高的相似性。调研数据显示，社交娱乐视频用户无论是观看直播还是观看短视频，其背后的主要需求均是放松消遣和释放压力，由此可见用户诉求基本一致。

（二）直播和社交之间的关系更加密切

如果去审视今天的中国互联网市场会发现产品与产品之间的对垒已经不是单维竞争，而是立体化的多维竞争。用户在商业模式上同样存在变量，不同的变现模式使得变现能力也各不相同。

知乎在资讯中加入了直播功能，直播成了引流和变现的手段。YY 在直播中加入了社区功能，大幅提升了其直播的黏性和变现效率。陌陌不仅在直播领域进行耕耘，还开始强化社交的属性，它一方面带来了新的社交用户，另一方面又为下一个阶段的直播变现创造了用户基础。如何平衡资讯和直播的关系？如何平衡社交和直播的关系？如何平衡电商和直播的关系？如何平衡社区和直播的关系？这些复杂问题相互叠加，成了摆在企业面前的难题。

社交巨头 Facebook（脸书，一种社交工具）4 年前就启动了直播业务，2017 年 F8 开发者大会后，更是宣布将视频业务重心转向直播，并将 Facebook Live 服务面向所有用户开放。那么，Facebook 能带给国内直播平台怎样的启示呢？答案是直播＋社交的结合。扎克伯格说："Facebook Live 就像是在你的口袋放了台电视摄影机，所有拿手机的人，都有能力向全世界做推送。当你在直播中与主播互动时，感觉用了更人性的方法与人做联结，这是我们在沟通上的重大进展，也创造了人们聚在一起的新机会。"在目前的直播平台，多数用户是直播舞台的围观者，因为在陌生的环境中露脸是需要勇气的。而在基于朋友关系网的社交平台中，面向朋友和外界的直播是更有参与价值和动机的。从某种程度上讲，直播与社交平台是天然契合的。因此，直播类产品应在社交互动上着重发力，开发新玩法、凝聚黏性；而另一重期待便是未来直播将成为社交平台的标配。

（三）直播对社交的影响

国内的直播系统率先推出了变现模式（打赏），直播又进一步拉近了主播与用户之间的距离，增强了互动性，而粉丝打赏礼物则能够增加直播平台的收入。所以直播与社交产品相结合后，增加了平台的收益，带来了更多的关注度与流量。

（四）社交对直播的影响

随着变现模式的发展迭代逐渐进入瓶颈期，不少的直播平台选择退出直播市场。原因是直播内容同质化现象严重，直接导致观众产生审美疲劳，打赏减少，有特色和独特个人魅力的主播身价越来越高。而“直播＋”就成为一种解决方案，“直播＋社交”也成为一种新模式。为了增强平台的社交性，直播平台出现了不少的新功能，如一对一直播、私信、连麦等功能，可进一步挖掘用户与主播的互动性，提高用户黏性，这不仅仅有助于直播平台转型，也改变了固有的变现模式，使平台得到进一步的发展。

现在的直播更加商业化，在当前的直播模式基础上要考虑如何提升利润，所以提高内容的质量是一个必须要解决的问题。社交直播只有响应了用户的需求，才能够激活直播间的活跃度。在直播系统中，社交与直播的关系是相辅相成的，合理把握二者之间的平衡，直播产业将迎来新一轮的发展。

第四部分

内容主体：网红带来的粉丝经济

网红的概念最早源于互联网社交平台，现在已成为直播产业中非常重要的行为主体。风头正盛的直播网红凭借庞大的粉丝群体，长期保持着巨大的数据流量。这种流量优势和粉丝的支持极大地增强了他们背后的商业开发价值，自然而然地吸引了大量资本和机构的入场。在多方运作之下，网络直播行业逐渐形成以网红为产业聚合点的粉丝经济体系。

一、直播网红的基本概况

（一）网红及直播网红的基本画像

直播网红是指具有个性化魅力的网络主播，借助各种互联网直播平台（如 YY、快手直播、抖音、淘宝直播等），在与网民的互动过程中，通过极强的互动能力吸引大批粉丝关注从而走红的人。直播网红不仅包括颜值美女，还包括在各垂直领域的意见领袖及达人，他们所处的领域涉及购物、游戏、美食、宠物、时尚、教育、摄影、股票等。在移动互联网时代，一部智能手机加一个自拍杆，搭建起一个简易的直播场景，就可以诞生一个直播网红。直播网红活跃在微信、微博、快手等社交媒体上，拥有一定的社交资产（粉丝），而且资产具备快速变现的能力。

2016 年是直播的元年，在直播红海（已知的市场空间）中除了催生出大批直播类 App，还催生出大批直播网红。这些直播网红与传统意义上的“演员”“明星”不同，他们大多是具备一定自身亮点的普通人，或是长相俊美、多才多艺，或是打游戏水平高超、解说独特。网红们通过在互联网直播平台上直播自己唱歌、打网络游戏等，吸引了大量的流量与人气，进一步成为“网络红人”。在一定程度上，可以说是直播平台催生了网红，而网红也同时为直播平台带来效益，帮助其吸引用户，提高受众黏性。

随着网络直播和短视频的强势扩张，网红兴起的速度变得更快。淘宝直播借这一势头异军突起，有意培养或扶持出一批网红，“带货一哥”李佳琦就是其中受益的一位。他在2018年淘宝直播的带货规模超千亿。抖音和快手借助其自身孵化网红的流量优势，也培养出一批相似定位的“带货主播”。2019年6月18日，淘宝直播截至15点30分成交规模为130亿元。2017年以来，“带货主播”的流量和热度不断升高，成为直播网红中的重要组成部分，他们在一定程度上培养了用户的新购物习惯，改变了网络直播生态。

（二）直播网红的身份特征

1. 个人特质明显

在直播网红快速崛起的今天，许多的网红背后都有专业化的网络推手，他们往往拥有多个直播平台和传播渠道，在每个平台上网红们都有着海量的关注度和流量热度。这些直播网红往往有着鲜明的个人特质，他们或拥有非常好的外貌条件，或具有强大的专业能力，使用多样化的呈现方式（文字、图片、视频等），通过各种互联网平台（微博、微信等）快速传播与放大个人影响。

2. 互动能力强

谈及网红，许多人的第一反应就是靠颜值、靠身材、靠金钱出名的年轻女性，她们晒美食、晒旅行、晒生活，甚至一张自拍照在网络上都有重磅炸弹的威力。然而，在这些简简单单的信息发布过程中，暗含了聚合受众的共鸣链接。互联网的交流不是面对面的，人与人之间的距离在空间上被拉大，要想与受众建立起良好的关系就必须与其产生情感上的共鸣。网络红人不仅需要鲜明的个人特质，更需要具备强大的网络互动能力，两者同时具备才能够吸引用户关注，获得具有自身专门属性的网民粉丝。

3. 拥有一定的才华与专业素养

网红未必身材与外貌十分出众，要想取得受众长期的好感，有一定辨识度的才华是关键。在最具影响力的网红当中，长期占据公众注意力焦点的，在其专业领域一定有过人之处。例如，能将广告文案与段子巧妙结合的“天才小熊猫”、创作出一系列网络漫画的“使徒子”，以及“伟大的安妮”、品鉴歌手唱功水准的“耳帝”、拥有丰富的柜台经验的李佳琦等。

（三）直播网红的发展

1. 直播网红 1.0

进入 21 世纪，中国的网络产业快速发展，进入 Web 2.0 时代，PC 秀场类直播兴起，也催生了第一代直播网红。第一代直播网红囿于当时的网络条件限制和特定时代特征，直播风格较为中规中矩，主要以表演才艺和直播聊天为主，与用户之间的互动也比较受限。

2. 直播网红 2.0

2010 年以后，网络技术进一步革新，以虎牙直播、斗鱼为代表的游戏类垂直细分领域直播平台快速崛起，迅速抢占了原来秀场类直播的市场。游戏类垂直细分领域直播平台的崛起也催生了以小智、Miss 为代表的第二代网红，他们有着高水平的游戏技能，同时具有高超的与直播用户沟通和互动的能力，拥有大批的粉丝。虎牙直播是我国领先的弹幕式直播互动平台，以游戏直播为主，涵盖娱乐、综艺、教育、户外、体育等多种直播内容。

3. 直播网红 3.0

随着互联网飞速发展，VR、AR、人工智能等技术兴起，直播网红的个人特质和专业化能力受到人们的关注，张大奕、雪梨、艾克里里等成为直播网红的代表。直播 3.0 时代的网红不断向产业化和移动化方向发展，他们不再“单打独斗”，而是背靠成熟的商业运营团队，涉足多个平台和领域，有着多元的盈利模式和变现渠道。直播 3.0 时代的网红可以通过广告、商品、虚拟礼物等多样化方式获得最大化收益。

二、直播网红的发展概况

随着直播网红的爆发式增长，围绕直播网红的产业链也逐渐形成，并开始向产业化和专业化的方向发展。目前，直播行业除了形成以经纪公司、社交平台、直播平台、电商组成的产业链外，也会催生出一些基于网红经济的相关产业，如服务于网红直播的软硬件设备，支持网红个性形象展现的服装、造型及美妆服务、营销服务等。这些能够满足网红专业性需求的附属产业构成了网红经济的外围生态，使得网红经济的全局生态更加多元、丰富。

三、直播网红火爆的原因洞察

（一）技术加持提高网红影响

随着移动互联网的快速发展，网络传输技术的进步，智能终端的快速普及，云技术的日益成熟，移动技术的加持，以及网络直播平台的兴起，泛娱乐化直播不断兴盛，除了秀场类直播发展火热，各垂直领域的直播也分别吸引了不同的粉丝观看，如美妆、穿搭、游戏等直播。网络和数字技术的发展为网络直播产业的发展降低了门槛，宽带提速、5G 技术发展，使流媒体传输及加载越来越流畅；智能手机日益普及，智能设备支撑的便携性使随时随地直播及观看直播成为可能；云技术的发展，进入直播行业的技术门槛不断降低，企业可借助第三方的云平台及云服务来实现直播，大量移动直播平台涌现，直播网红也纷纷进入人们的视野。

移动互联网的快速发展和网络传输技术的进步改变了大众传播时代的信息传播模式，使得信息出现节点化和去中心化的态势。在去中心化时代，微博、微信等平台的发展为网红由点及面地扩散提供了沃土，使得直播网红的直播视频可以通过不同平台和渠道来呈现，极大地增强了直播网红的个人影响力和知名度。

（二）资本助推网红经济增长

资本是网络直播产业经营活动的一项基本要素，是网红产业链创建、生存和发展的一个必要条件。直播网红遍地开花的态势背后，是资本助推的结果。网红发展至今已经不再局限于网红这个概念或者文化现象本身，其早已成为互联网经济链条中极其诱人的“蛋糕”。网红因其聚集流量及变现的能力逐渐被资本市场关注，网红个人如 papi 酱、同道大叔，网红经纪公司如如涵电商、美空网等先后获得投资，资本的加入使得网红经济的发展驱动力更加强大，推动了网红市场的进一步火热。

在资本的介入和驱动下，网红不再“单打独斗”，开始采用团队运营作战的方式将个人 IP 化。个人 IP 化背后其实有一整个团队来负责策划、运营、与粉丝互动、产品开发、商业合作等各项事宜。网红的内容生产也从初始的 UGC 阶段进入 PGC 阶段，有一系列成熟的运作方案和专业的运作人员，保证内容源源不断地供应。与此同时，有许多网红选择投靠更大的资本运作平台，以获得更系统专业的发展路径规划。资本也鼓励社会生产更多的网红以满足市场的需求，如雨后春笋般的网红商学院等网红孵化器随之应运而生，网络上各式各样围绕“手把手教你做网红”主题的辅导教程的热度也不断升高，资本的力量使得网红获得了前所未有的社会关注度。

（三）网红赋权加强话语权

网红主体是整个网红传播链条上的起始环节，其本质是内容的生产者和提供者，依靠着互联网这一杠杆将这些内容放大和扩散，以广泛的传播力彰显影响力与控制力，促使所生产的内容从单纯的自我表达逐渐变为一种自我赋权。在网络直播平台上，人人皆是自媒体，对于善于驾驭网络平台的网红而言，网络平台更是给了他们充分施展才艺、发挥特色、解放天性的表达空间，他们收获的粉丝越多，他们发表的言论、观点，以及其行为方式可传播的范围就越广。

在自媒体时代，直播网红生动地诠释了技术赋权的内涵。网红通过自身的魅力和传播影响力拥有了新时代的话语权。按照福柯的观点，人通过话语赋予自己权力，话语不仅仅是思维符号，还是交际工具，既是手段，也是目的。网红通过在互联网上表达自己，获得粉丝的喜爱追捧，并在与粉丝互动的过程中获得了面向这些粉丝的话语权，而粉丝在一定程度上会将网红的话语符号传递得更为广泛，新媒介使得网红个体获得传播权力成为可能。新媒体时代，直播网红在技术赋权的条件下建构了个人的 IP，发出了自己的声音，在特定的社会群体中形塑了自身的话语权。

（四）专业运营形成团队协作力

随着直播网红产业链的不断成熟和完善，直播网红早已不再是一个人的“单打独斗”，在个人魅力逐渐形塑的背后，是一个成熟的运营团队在为直播网红“出谋划策”。网红团队立足于“内容为王”的生产机制，寻求独辟蹊径和展现个性。成熟的网红团队通常具有很强大的议题设置能力，善于将各类网络热点事件进行延伸，经营自身 IP 形象。网络中的爆点话题可以帮助网红在短时间内扩大影响力，议题设置能力的强大与否往往决定了网红短时期内的火爆程度和影响范围。

直播网红的专业化运营能力不断增强，驾驭多平台联动的商业经营模式的能力也不断提高。在自媒体发展迅猛、用户日趋跨屏的信息获取习惯的影响下，网红们已经不局限于在单一平台发布内容，而是趋向于将自身的特长风格与各类新兴的传播渠道进行有机结合。网红们结合自身特点与形象定位，多元组合，运用当下流行的火爆的交互平台，通过多个平台的联动尽可能扩大自身的影响力和传播力。

（五）用户付费获得群体认同

网络直播用户是网络直播产业的生存根基，也是直播网红成长的内在逻辑。直播网红作为互联网舆论场域中嗅觉极其敏锐的产物，往往发挥着制造热点话题、为话题传播推波助澜的作用，是热点传播中的关键环节，因此人们更倾向于去关注网红，以期站在舆论发展的潮头。人们紧随热点趋势关注网红，一定程度上也是在寻求被社会潮流认同，力求跟上每一次舆论热点与潮流，保持与社会热度最紧密连接，试图由此提升社会或所处群体对自身的接纳程度。越是信息多元化的时代，人们越容易在信息浪潮中丧失自己的主见，而听从、效仿其他人关注的人或事物，这就进一步推动了热点效应。人们在这种从众心理的驱使下，往往对热点话题和事件展开一场场集体无意识的狂欢。

直播网红在网上表演才艺、发表言论，因内容的新奇有趣或话题的幽默风趣，常常可以给人愉悦的感受。用户可以在参与网络直播的过程中，打发碎片化的无聊时间，排遣内心寂寞，填补时间空隙。网红呈现给用户的是一种普通人只要努力勤奋也许就可以成功的样板，而网红获得网络影响力的过程本身对于广大用户即具有激励和鼓舞作用。用户会在关注的众多不同类型的网红身上形成对自身的投射，这种投射中包括自身渴望达成的预期，也包括很多隐蔽而不便公开的欲望和想法，用户的自我期待在特色各异的网红身上统统可以实现，进而也在某种程度上给予用户一种实现自我认同的慰藉。

四、直播网红产业发展特征

（一）网红职业化

随着直播网红的快速崛起，网红签约 MCN 机构的比例加大，专职网红成为一大职业选择。伴随着网红经济的逐步专业化，以及 MCN 机构产业的日益完善，网红与 MCN 机构签约成为专职网红变成一种新趋势。头部网红对 MCN 机构的青睐彰显了 MCN 机构所带来的全方位的帮助在网红竞争中的重要性。签约 MCN 机构的网红人数逐渐增加，意味着网红职业化的趋势越来越显著，越来越多的人会把网红当成自己的正式职业，职业网红的人数将不断增加。而 MCN 机构也在为网红带来诸多裨益的同时，通过更精准的流量引导及更多元的分发渠道，将更有效、更丰富的商业变现方式赋予网红。

（二）内容专业化

随着直播网红涉足的领域越来越多，在泛娱乐领域网红的发展进入成熟期的同时，垂直领域的网红也在快速增多。垂直领域的网红多数仍在成长期，成规模化、体系化的个体相对较少，用户需求仍有进一步满足的发展潜力，各垂直方向仍有较大发展空间。此外，垂直领域网红的粉丝黏性更高，网红意见领袖的功能更加凸显，其变现方式更加多样，变现空间也更为广阔，转化率相对更高，发展前景值得看好。在当前网红经济体系下，网红产业链发展比较规范，各环节分工明确，配合度较高，网红与品牌间通过社交平台连接起来，网红本身拥有较强的内容生产能力。总之，直播网红的内容生产日益专业化，不同类型的网红往往只负责特定的领域，在各垂直细分领域如美食、旅游、游戏、健身、运动等方面做得非常成熟，有的网红甚至自己也能开创新领域。未来，每一个网红都有独特的标签，生产的直播内容也将更加优质。

（三）直播多平台化

随着互联网的不断发展，不同的内容领域衍生出众多的平台，也因此导致了曾经扎根于单一平台的走红方式与市场的发展节奏相脱轨的问题。在适合自身优势及内容的多个平台同时上传作品，以吸引不同使用习惯的粉丝，成为如今网红们提升自身知名度及吸引流量的新方式。比如，知名游戏主播 Miss，其作品多为直播及与游戏相关的视频，因此在优酷、哔哩哔哩等直播平台及在线视频网站均能搜索到她的作品。

（四）产业 MCN 化

随着 MCN 机构的崛起及其优势的逐步显现，越来越多的网红选择加入 MCN 机构。MCN 机构可为网红提供包括持续创造内容、广告接单、匹配品牌等在内的周边服务。与 2016 年相比，2017 年签约 MCN 机构的网红数量显著增多，而 91％的头部网红已经签约 MCN 机构，到 2018 年，已经有 93％的头部网红与 MCN 机构签约。头部网红对 MCN 机构的青睐，彰显了体系化能力在网红竞争中的重要性。签约 MCN 机构的网红人数不断增多，也预示着网红经济将要迈入以产业化运作为主的全新阶段。

（五）IP 矩阵化

在细分领域打造品牌影响力和构建 IP 矩阵来提高粉丝黏性和建立壁垒成了多数 MCN 机构的共同选择。IP 矩阵为 MCN 机构自身内容生态带来了多个入口，也给用户提供了在矩阵内部选择适合自身内容的机会。直播网红通过利用“场景化＋规模化”来打造自己的 IP 矩阵，在特定的社会群体中彰显自身的影响力，聚拢了一大批黏性较高的粉丝，积累了大量的热度和影响力。直播网红通过建构自己的传播矩阵，综合使用多个传播渠道和媒体，扩大自身的影响力，进而将自身的影响力扩展到更多的领域中。

五、网红代言人价值分析

（一）直播网红的代言行为界定

2015年修订的《中华人民共和国广告法》规定，广告代言人，是指广告主以外的，在广告中以自己的名义或者形象对商品、服务作推荐、证明的自然人、法人或者其他组织。直播网红具有独立的自然人和法人资格，可以利用自身的名义和形象，为商品、服务作推荐和证明，在法律上具备成为品牌代言人的可能性。一般来讲，名人代言就是广告主邀请某个名人去做企业的品牌形象代言人，将“名人”和“品牌”在广告表征中的各个方面结合起来。名人不仅要参与品牌广告的拍摄和制作，还要出席企业的发布会，参加企业举办的各项品牌推广活动，在平时的日常生活中使用代言品牌的产品，在品牌传播的各个环节当中参与曝光。

直播网红具有鲜明的个人特质，能够将自身的社会价值融入产品中，提高消费者对广告信息的信任度，从而影响消费者的态度和购买行为。直播网红的代言活动是以个人名义进行的，需要对自己的代言行为承担明确的法律责任。papi酱是直播网红参与代言的典型代表，其2000万的广告拍卖开启了直播网红在代言人领域的“新纪元”。与此同时，papi 酱在公众中树立的良好形象也吸引了瑞士高级钟表品牌积家的关注，她作为网络红人成为国际知名品牌的新晋代言人。

（二）直播网红的广告代言人价值

直播网红在广告代言中拥有更大的话语权。话语权是通过创造、表达、设置、传播和运用一定的话语来影响和引导人的思想和行为的权利和权力。名人的话语权是在媒体的见证下由公众赋予的，所以使用知名度高的名人来为品牌发声会更符合受众的认知习惯，使得受众在思维方式上更加认同广告表征的理念，在态度上也更愿意接受广告建构的社会意义。在互联网时代下，网络直播红人在特定时段内的流量热度甚至可以赶超传统的艺人与明星，因此使用直播网红代言可能会产生更大的品牌影响力，从而更容易获得目标消费者的接受和认可，更能从长远的角度提升品牌的无形资产价值。

在日常生活中，普通的个体很少有机会参与到大众文化的建构当中去，只有活跃在媒体中的名人才有机会成为我们意义世界的建构者。在当下的传媒生活中，某些艺术家总是创作特定意义的作品，扮演特定群体的荧幕角色，使用特定风格的话语表达自己的观点，经过媒体反复宣传和报道之后，这些艺术家就会在公众心目当中留下特定的印象，成为特定意义的象征。直播网红因为参与了公众生活中大量的文化表征，本身也会成为携带特定意义的象征符号，网络红人参与到广告代言之中，也是将自身的文化象征作为特定的符号象征来使用的过程。

在我们的社会生活中，直播网红作为互联网舆论场域中嗅觉极其敏锐的代表，往往发挥着制造热点话题、为话题传播推波助澜的作用，是热点传播中的关键环节，所以大众也往往会习惯性地将更多的正性情感能量赋予这些人物。广告主邀请直播网红做代言，就是要将大众对直播网红的正性情感映射到其所代言的产品中，为广告表征的社会意义提供合理的解释。

大众在理解一件广告作品的时候，直播网红往往是作为特定的角色出现的，当大众脱离了广告文本的语境之后，还会从直播网红身上解读出许多文化规定的伴随意义。首先，邀请直播网红可以彰显企业的实力。在大众的认知当中，企业支付给代言人的代言费用越高，企业就越有实力，进而值得消费者信赖；如果企业不邀请代言人在媒体上做广告，大众就会惯性地认为这家企业可能存在经营不善的问题。所以大众消费品往往都会斥巨资邀请知名度高的网红进行代言或推广，以期获得消费者对企业的信赖。其次，直播网红在特定的粉丝人群中有极强的可信度和号召力，可以为产品的质量提供信任背书。在大众看来，直播网红为某个产品代言就需要对该产品承担责任，所以直播网红选择推广与代言的同时也会替消费者严把质量关。大众在购买产品的时候也会把代言人作为购买决策的重要依据，认为有直播网红背书的产品的质量会更加有保证，代言人的知名度越高，产品的质量就会越好，而那些没有名人代言的产品就难逃被看作“质次”的厄运。最后，邀请直播网红可以凸显品牌的档次和格调。大众会把直播网红的身份特征联想到他们代言的品牌当中，认为代言人的知名度和气质象征了产品使用者的档次和格调。总之，直播网红在代言的同时也会把自身携带的社会意义赋予品牌和产品当中，广告主必须综合考虑网红代言人的社会地位和形象特征，从广告表征的各个方面严格管理代言人与品牌联系的各个环节。

（三）直播网红作为代言人的法律规定

在2015年新修订的《中华人民共和国广告法》中，国家对代言人的法律责任和处罚规定做出了明确的界定，在第二条第五款中将广告活动主体的范围扩大至代言人。同时，明确把自然人纳入代言人的范畴。在第五十六条中规定，一旦商品或服务与生命或者健康相联系，代言人应承担无过错的连带赔偿责任；若是除生命与健康之外的广告，代言人则应承担过错的连带赔偿责任，即无过错便无责任。可见，直播网红为商家做代言，在取得代言人收益的同时，也要承担作为代言人的法律责任。法律的严格规定要求网络红人选择代言产品要审而又慎，对自己的代言行为负责。

修订后的《中华人民共和国广告法》还将广告代言人的违法行为纳入行政处罚的范畴，代言人在代言虚假产品的情况下不仅会被剥夺代言的相关收益，还要被追加1—2倍的代言费的行政处罚。《中华人民共和国广告法》第三十八条第三款还规定了高出一个量级的惩罚，在代言虚假广告受行政处罚后，代言人必须接受3年"禁止代言期"的惩罚，也就是在代言虚假广告受到行政处罚未满3年内不得代言新的广告。直播网红"红火"的时间较短，热度维持的时间相对艺人、明星更短，往往瞬间就被淹没在新晋的网络红人当中，所以更要遵守法律的相关规定，在自己的"网红期"实现最大的收益变现。

（四）负面形象与个人风险：直播网红代言人的问题

大部分的企业和品牌都会邀请热度高的人物做形象代言人。然而，“代言人”这个身份是一把双刃剑，它可能给企业和代言人带来利益，也可能给企业和代言人带来风险。当直播网红和品牌建立起代言关系后，直播网红负面消息的负面效应会传递给品牌。直播网红一旦发生负面新闻，他们所具有的号召力和良好形象会瞬间瓦解，这不仅会对其自身发展产生不利影响，而且会波及其代言的品牌在消费者心中的形象，从而对消费者的购买意向产生相应的影响。直播网红因为经常处在直播的环境中，无法对自己的言行举止做后期的修改，所以更要注意自己的一言一行，避免因言行不得体而对自己的代言人价值造成影响。

在特定的时间段和特定的受众群体中，直播网红的热度是不容小觑的，但是当多个品牌都来找某个网红代言时，就会削弱直播网红的品牌号召力和个人影响力，不能达到宣传品牌的理想效果。具体来说，直播网红虽然在公众心目中树立了良好的形象和鲜明的个人特质，具有强烈的个人影响力和品牌号召力，但是当多个品牌都邀请某个直播网红做广告代言时，他的个人影响力就会被这些品牌分散开来，各品牌很难将直播网红的个人特质与品牌的价值理念有机结合起来，实现最大的代言效益。所以，直播网红要与品牌建立有机的代言关系，要将个人特质与特定的品牌有效联系起来，建立二者强有力的关联，把握合适、适度的原则，真正发挥自身的影响力和公信力。

六、网红产业发展存在的问题

（一）直播门槛低

在移动互联网时代，直播工具和直播场景轻松可得，网络直播的低门槛让众多主播快速成为网络红人，但低门槛并不代表低素养，网络直播平台作为网络直播的内容提供方，有义务对签约主播提供媒体素养的培训，要从提高主播人员的素养上着手，从根本上解决网络直播中的低俗化问题。网络直播平台提高网络直播人员的素质是首要任务，这就要求对直播的参与者应该设立一定的门槛。国家互联网管理部门应该监督甚至联合各网络直播平台协会制定网络直播人员的准入门槛，实行注册制。各直播平台之间应该开启黑名单，对于屡教不改的网络直播人员，应该全网络禁止其注册平台账户与开启网络直播的路径。网络直播平台应该相应提高网络主播进入的门槛，提高网络主播的整体素养，为网络直播用户营造良好的直播环境。

（二）直播内容低俗化

由于网络直播进入门槛较低，主播素养参差不齐，导致网络直播内容存在着一定的低俗化倾向。大多数网络直播平台主播没有受过媒体素养的培训，部分主播网红为了完成平台分配下来的任务，挖空心思迎合大众趣味，千方百计提供各种新奇刺激的内容，毫无媒体人应该有的责任担当。由于缺乏监管和行业自律，一些直播网红在一定程度上被贴上了低俗、色情等负面标签。同时，国内直播平台多采用打赏的方式，无论是主播个人还是平台都要依靠粉丝购买道具进行打赏，这就使得主播要使出浑身解数让粉丝充值、购买礼物。因此就有部分主播和粉丝花言巧语，暧昧不断，而能否做到这一点就成为一些直播平台选取主播的重要考量。这一情况下滋生出的种种暧昧的语言和行为会对青少年产生不良影响，青少年很难抵御诱惑，容易迷恋或崇拜某些主播，因此在被主播激起情绪后容易盲目冲动，购买道具进行打赏或消费。

（三）用户流失严重

直播网红虽然能在短时间内凝聚大批量的直播用户，但是这些用户的黏性较低，忠诚度不够，难以长时间维系。在信息碎片化时代，信息快速更迭，粉丝注意力转换速度快。对于那些暂时契合了用户需求而迅速走红的网红来说，怎样不断迎合用户需求，激发用户的兴趣与好奇心，提供持续的创新内容，从而获得用户的持续关注，是一项重大挑战。另外，网络直播行为的仪式化色彩较为浓厚，一些特定的事项往往发生在特定的时间和地点，需要具备相应的观看设备和演出装置。相比于简单快捷的短视频而言，网络直播对用户有更高的要求，这也不可避免地造成部分用户的流失。

（四）行业发展不规范

直播产业的发展虽然如火如荼，各种模式不断涌现，但是网红产业发展尚不规范。目前，行业内尚未形成统一的网红商业价值评价标准，产业链主要参与方如经纪公司、直播平台还处于混战状态，网红在内容生产方面仍以随机的 UGC 为主，网红电商的供应链体系不健全，产品品质有待提高，这些问题都需要逐步解决。近两年来，公众对网红行业的关注度不断升高，资本市场大举涌入，整个网红行业呈现出空前的繁荣景象，承载网红的直播平台涌现出 200 多家，整个行业的竞争逐渐进入白热化阶段。未来，大浪淘沙后，市场将会面临新一轮的调整，整个市场发展将逐渐归于理性。

（五）违法行为时有发生

直播网红产业涉及的利益主体越多，面临的法律纠纷和利益矛盾就越多。网络直播平台目前存在许多问题，大多数直播属于秀场模式，主播为了迎合受众，利用低俗的内容博眼球的不在少数，有的甚至触犯了法律底线。青少年受众由于对主播的盲目崇拜，容易冲动消费，打赏主播。另外，侵权问题也是网络直播平台中常见的问题。部分主播通过网络直播平台盗播各类影视或综艺节目成为一种普遍现象。总之，直播网红应当遵守法律法规和行业规范，努力杜绝自己对社会的负面影响，为我国直播网红产业健康发展贡献自己的一分力量。

第五部分

消费升级下的新生代互联网直播用户

在错综复杂的互联网环境下，网络直播的内容与形式不断增多，与之对应的目标用户群体也被灵活细分。处理好内容和形式与目标用户之间的关系是直播产业各个层级必须始终关注的运营重点。只有以用户需求为导向的直播才会真正具备生命力。对于网络直播目标用户群体的需求分析，不能仅限于对直播用户整体共性的宏观分析，而是必须要洞察影响直播用户行为的各项要素，深入不同类型的直播用户群体当中，对各细分直播类别下用户的特点加以观察和对比，才能够获得真正有效的用户数据和精准的用户画像，从而能够更好地引导直播行业的可持续发展。

一、网络直播用户的特征

（一）用户养成观看直播的习惯，总体规模迅速壮大

随着网络直播产业的快速发展和用户观看直播习惯的养成，我国网络直播的用户规模不断壮大。据中国互联网络信息中心日前发布的第45次《中国互联网络发展状况统计报告》显示，截至2020年我国网络直播用户规模达到5.60亿，增长率达到41.1%，较2018年增加1.63亿，网民渗透率达62%，超过半数的网络用户都有过观看直播的经历。另外，智研咨询发布的《2020—2026年中国网络直播行业市场全景调查及投资前景分析报告》显示，2021年我国移动直播用户规模将超过4亿，到2022年移动直播渗透率将突破50%，这意味着每100个中国移动网民中就有接近28个人是移动直播App的用户。Mob研究院发布的《2020中国直播行业风云洞察》显示，2020年3月我国泛娱乐直播行业移动用户规模超过1.5亿。可见，网络直播已经作为一种娱乐形式渗透到用户的生活习惯当中，成为现代年轻人热衷的生活方式。

（二）用户性别差异不大，各自兴趣各有不同

数据显示，网络直播的用户以男性为主，近六成用户为男性，其中移动端男女用户比例更趋平衡。艾瑞咨询数据显示，2016年1月PC端秀场男女用户比例为66.8∶33.2。而QuestMobile最新发布的《2019直播＋X洞察报告》数据显示，2019年9月娱乐直播行业男女用户比例为58.7∶41.3，接近移动互联网用户男女比例53.0∶47.0，呈现出女性用户占比增加的趋势。但是数据显示，在直播行业中的不同细分领域，男女比例呈现出较大差距。如《2019直播＋X洞察报告》显示，2019年游戏直播行业用户的男女比例为89.8∶10.2，与移动互联网用户男女比例差距较大。由此可见，两性之间针对网络直播呈现出不同的兴趣点。

（三）直播用户呈年轻化的特点

网络直播用户以青年群体为主，平均年龄在35周岁以下。艾媒咨询发布的《2019 Q3中国在线直播行业发展专题研究报告》显示，中国在线直播用户呈年轻化特点，其中24岁及以下的用户占中国2019年第三季度在线直播用户的47.2%。同时，年龄不同的用户对直播内容也有着不尽相同的兴趣偏好，Mob研究院的《2020中国直播行业风云洞察》显示，泛娱乐直播用户以“85后”和“95后”为主，娱乐直播用户集中在“85后”群体，游戏直播用户集中在“95后”群体。

（四）职业覆盖范围广泛，涉及不同社会群体

网络直播用户的职业覆盖范围比较广泛，遍布学生、公务员、白领、工人、个体户等不同职业群体。Mob研究院的《2020中国直播行业风云洞察》显示，学生群体投入在直播行业中的时间较多，其中“95后”在读学生占游戏直播用户总数的36%；白领用户有一定的事业追求和生活品位，更偏好电视和赛事直播，而企业白领占娱乐直播用户总数的48%。

根据QuestMobile发布的《2020直播行业报告》来看，典型的直播App用户以青年人为主，其中，抖音和快手的直播用户集中在19—35岁，哔哩哔哩中24岁以下的年轻用户占比则高达81.5%。

（五）教育程度影响用户兴趣，学生群体偏好游戏直播

网络直播用户的教育程度覆盖面较广泛，不同类型的网络直播用户的教育程度具有明显的差异。在游戏直播领域，大学本科以上学历用户占比超过50%，高中以下学历用户仅占23.3%。本科和硕士研究生以上学历的用户更偏好游戏直播，大专学历的用户则更偏好全民直播。

（六）直播用户收入偏低，学生具有消费潜力

网络直播用户的收入水平相对较低，用户群体主要集中在中低收入人群当中。易观千帆数据显示，在网络直播用户中，高收

入用户更偏好电视和赛事直播，低收入用户更偏好秀场直播和全民直播。另外，游戏直播中有数量庞大的学生群体，他们普遍还没有稳定收入。从整体来讲，游戏直播的用户群体收入水平也不高。

（七）地域特征明显

网络直播的用户具有明显的地域特征。通过对安装直播 App 用户的地域分布进行分析可知，有 31.5%的用户分布在北京等一线城市，有 40.4%的用户分布在厦门等二线城市，有 28.1%的用户分布在潍坊等三线及以下城市。

二、网络直播用户的使用行为分析

（一）移动端逗留时间不断增加

QuestMobile 数据显示，新冠肺炎疫情暴发以来，网民每天花在移动互联网的时长比之前有所增加。易观发布的《2020 年 1 季度中国娱乐直播行业观察》显示，2020 年第一季度，娱乐直播用户日均使用移动互联网时长有所增加，头部直播平台用户日均使用移动互联网时长也有所增加。移动直播用户日均使用移动互联网的时间不断增加，观看视频直播成为其每日常态化生活方式。

（二）使用特定时间，日均使用频次较低

网络直播用户日均使用移动互联网频次相对较低，往往是在特定的时间使用。易观发布的数据显示，2020 年第一季度，娱乐直播季度启动次数较上一季度有大幅度增加，季度增长率达 39.34％，总启动次数达到 543 543.42 万次，由此可见网民观看网络直播的次数较之以往大幅度增加，对于网络直播的需求越来越大。具体而言，第二季度相较于第一季度各月变化幅度较小，

视频直播启动次数逐渐趋于稳定，第二季度视频直播用户月均总启动次数首次突破 7 亿。

（三）乐于晚上观看直播

易观发布的《2019 年中国娱乐直播市场年度综合分析报告》显示，从早晨 6 点开始泛娱乐直播平台用户就开始处于比较活跃的状态，20—24 点，用户的活跃程度较高，其中 21 点用户最为活跃。

（四）“两点一线”观看直播成为常态

用户观看直播的场所以室内为主，多集中在家里和单位。另外，用户在公共交通工具上观看资讯直播的现象较为普遍，这说明用户比较喜欢利用碎片化时间观看资讯直播。

（五）内容分享体现品位及态度

用户对自己喜欢的直播内容会进行分享。在用户分享的直播内容中，用户更愿意分享专业有深度、能增长知识、有趣好玩、时事热点等类别的直播内容。用户分享直播内容的同时也是在塑造自身的社交形象，这在一定程度上体现了用户的品位及态度。

（六）用户会安装多个 App

智研咨询发布的《2020—2026 年中国手机 App 行业市场前

景规划及市场前景趋势分析报告》数据显示，在各年龄段网民中，15—19岁手机网民群体人均安装手机App数量多达84个。该群体用户对直播App持比较开放的接受态度，平均每个用户会安装1.7款直播App。极光大数据显示，64.6%的直播App用户仅安装1款直播App，另外有19.4%、8.2%和3.9%的用户会分别选择安装2款、3款和4款直播App，还有3.9%的用户会安装5款及以上直播App。

三、用户观看网络直播的原因洞察

用户观看网络直播的原因较为复杂，既有深层的社会和文化因素，又有表层的生活诉求和心理动机。随着 PC 秀场直播向移动端直播不断迁移，移动直播设备门槛降低，大众对直播的参与度更高，主播趋于差异化，直播内容类型也更加丰富。多样化的内容更容易吸引年轻用户，观看直播的男女比例也更为均衡，用户的内容偏好也更多样。艾媒咨询调研数据显示，整体来看，用户观看直播最大的诉求是消遣娱乐。除此之外，消磨时间、购买商品、了解疫情相关信息、结识新友和学习知识等也是用户观看直播的重要原因。

艾媒咨询调研数据显示，新冠肺炎疫情期间，超六成直播用户偏好新闻资讯类直播。相较于传统媒体，直播平台上的自媒体更具备资讯更新的时效性，可视化的直播形式也有助于直播内容的传播，从而提高与拓宽了新闻动态传播的速度与广度，因此网络直播被更多的用户所认可和喜爱。

（一）娱乐休闲的情境带入

网络直播拥有海量的娱乐资源，类型多样，内容丰富，能够满足不同用户的需求和品位。日常的工作生活当中，无论是周末，还是下班后的时间，用户都想将自己从繁忙的工作或学业中抽离出来，通过看直播将自己置于另一种情境中，和主播一起互动，把自己带入主播的兴趣爱好中，放松身心，缓解疲劳，为第二天的工作或学习积蓄能量。对于大部分用户而言，观看主播在秀场里表演才艺，跟着电竞主播一起打游戏，随着户外主播探索野外的乐趣等，并非出于特定的动因与目的，而是为了让时间过得更充实有趣，丰富自己的生活。

（二）社交互动获得情感联结

人的本质是一切社会关系的总和，人们对情感归属和身份认同有着天然的追求。网络直播能够让用户在参与和共享中满足自身的情感需要，汲取在社会生活中所需的情感能量。在网络直播中，网络主播可以一定程度地给予用户陪伴感和被关爱感，满足用户在社会关系中的情感需求；用户则会通过打赏、送礼物、刷弹幕等方式与主播进行互动，获得主播的关注和青睐，让自己在主播的“点名”和“回报”中获得情感上的关怀。随着观看网络直播习惯的养成和对网络直播依赖性的增加，用户往往将网络主播看成自己在现实生活中的情感寄托，不断把自己与主播的“弱关系”变成“强关系”，形成一种社会交往中的关系纽带和情感联结。

（三）释放自我与身份认同

在平时的工作和生活中，人们扮演着特定的身份和角色，言行举止要按照一套固定的社会规约来呈现，自身的个性化特质要受到社会化自我的压制。而在网络直播情境中，用户则是从生活的前台走到了自我的后台。在虚拟互联网环境的掩饰下，人们可以卸下日常生活中自我呈现的伪装，充分表露自己内心真实的想法和主张，释放自己不受规训的天性和情绪。在网络直播中，用户可以直白地表达自己对主播的喜爱、对美食的垂涎、对生活的好奇和对特定社会事件的看法，让自己在释放自我中获得生活的快感，感受生命带给自身的意义。网络直播是用户穿梭在外在世界和内在自我之间的一座桥梁，让用户在释放自我之后重拾工作和生活的勇气，从而在社会生活中成就更好的自己。

（四）探索好奇与认知世界

人们的生活范围是有限的，社交圈子是有限的，但是人们探索世界的梦想是不受限制的。用户囿于自己生活环境的局限，往往不能摆脱社会结构的束缚而投身到外界的探索中去。通过观看网络直播，用户可以用极低的成本，跟随网络主播开启另一种人生，探索自己未知的世界，满足自己长久以来的好奇心。在网络直播平台上，用户可以跟着主播骑马穿越青藏高原，去野山上摘猕猴桃，徒步体验流浪生活，出海打鱼捞螃蟹等，体验不一样的风土人情，感受另一种人生境遇，满足自己想要“走出去看世界”的好奇心。网络直播为用户感受另一种人生打开了一扇门，让用户不出家门就能领略大千世界的妙趣。

（五）扩展兴趣爱好并形成社群

兴趣爱好是人们主动去做一件事情的切入点。用户喜欢观看网络直播，就是因为他们在直播中找到或唤醒了自己的兴趣爱好，他们能够从中获得极大的情感满足和心理快感。网络直播平台根据不同用户的性格偏好，为用户设置了唱歌、跳舞、购物、健身、减肥、瑜伽、登山、郊游、钓鱼、玩网络游戏、玩单机游戏、聊天、吃美食、做饭、练字、书法、美容等不同的兴趣爱好分类，让用户基于自己的性格偏好和行为倾向找到自己喜爱的直播形式，积极地参与到主播的生动表演中去，并在参与过程中获得轻松、愉悦和放松，以及极大的身心满足。网络直播平台不断丰富自身的内容和形式，从而使用户养成积极参与的习惯，提高用户使用直播平台的黏性。

（六）提升自我与提高能力

用户在观看网络直播的过程中，也会获得自我提升方面的满足。比如，用户观看电子竞技的网络直播，能够提升自己打游戏的技能；用户观看财经资讯的网络直播，能够提升自己在金融领域方面的能力；用户观看野外生存的网络直播，能够提升自己在社会生活中的适应能力。用户在观看直播和与主播的互动中，也在积累知识和生活经验，不断提升自己在社交、才艺等方面的能力，进而使自己变得更优秀。人们生活在社会中，面临着来自方方面面的压力，经受着社会认同和自我实现的考验，需要不断提升自己的专业技能和社会修养，提高自己适应社会的生存能力，进而实现自己的进步和成长。网络直播平台是一个蕴含着知识和能量的生活场域，若运用得当，就能够让用户在参与和互动中提高自身的素养，提升自己在社会场域生存和发展的能力。

四、不同直播类型的用户比较分析

（一）秀场直播：全民狂欢

秀场直播的用户呈现全民分布的特征，秀场直播的进入门槛较低，用户与主播的互动性较强。秀场直播的用户以男性为主，他们占到了秀场直播用户总数的75%以上，是秀场直播的绝对主力。秀场直播的用户学历普遍较低，以高中和中专学历为主。秀场直播的用户以工人和服务人员为主，学生和白领占比相对较少。秀场直播的主播收入相对偏低，平均薪资在4000元以下。但易观数据显示，近两年来秀场直播的核心用户的消费能力呈上升趋势。一些秀场直播平台的用户群中，一线城市用户占比53.7%。可见，秀场直播的核心用户收入较高，且处于较发达地区，整体付费意愿较强，因此秀场直播的内容变现具有一定程度的发展潜力。

（二）资讯直播：影响力、公信力至上

资讯直播的目标用户定位较为明确，垂直度较高，看重主播的影响力和公信力。资讯直播的用户以男性为主，他们对财经等

内容比较偏爱，且收入相对较高。资讯直播的用户学历相对较高，其中本科及以上学历占有较大的比例。资讯直播的用户主要分布在一、二线城市和东部沿海地带，县级城镇的用户较少，并且他们的年龄相对偏大，平均年龄在30岁以上。此外，资讯直播的用户以白领、公务员、事业单位人员为主，具有较强的求知欲望和学习能力。

（三）游戏直播：用户黏性与对主播的忠诚度高

游戏直播的用户以游戏玩家为主，用户黏性高，观看直播的时间长，对主播有较强的忠诚度。游戏直播的用户以男性为主，他们对游戏有着强烈的兴趣，是游戏直播用户的绝对主力。游戏直播的用户以年轻人为主，“90后”群体占到游戏直播用户总量的近八成。游戏直播的用户学历相对较高，多数是本科及以上学历。游戏直播的用户以学生、自由职业者、个体户、私营企业主为主，其他职业相对较少。他们的收入相对较低，平均薪资在3000元以下。

1. 以男性用户为主，年龄集中在30岁以下

游戏直播用户整体以男性为主，89.8%为男性用户，10.2%为女性用户。从年龄上来看，游戏直播用户仍以30岁以下用户群为主，其中“90后”群体的数量占比最高，该年龄段对应我国大学生群体，他们同样也是游戏的主要目标群体。

2. 用户迅速转移至客户端，移动电竞观看人数大幅增加

目前客户端已经成为用户观看直播的最主要渠道，总计超过50%的用户观看客户端游戏直播，34.1%的用户观看移动直播。在内容层面上，电子竞技游戏是游戏直播市场的主要内容，占比87.6%。

（四）泛娱乐直播：参与度高，互动性强

泛娱乐直播的用户遍及各类人群，这类直播形式互动性较强，用户黏性较高。泛娱乐直播的用户男女比例相对持平，可见泛娱乐直播是男性用户和女性用户都爱看的直播类型。泛娱乐直播的用户年龄相对较小，大部分用户的年龄在30岁以下。泛娱乐直播的用户以中低收入为主。其地域分布较为广泛，沿海及大、中、小城市都有涉及。泛娱乐直播的用户职业类型比较多样，学生、公务员、白领、个体户、工人、服务业人员等人群中，都存在喜欢观看泛娱乐直播的用户。泛娱乐直播的用户中既有初中、高中、大专学历，也有本科及以上学历，覆盖面比较广泛。

1. 直播答题类App用户分析

在地域分布上，直播答题App的用户大多集中于二、三线城市，省份也多集中在东部地区。由于人口基数的原因，二、三线城市人口依然是互联网的主力人群。未来，直播答题类App在中小城市仍然存在着巨大的发展潜力，如何让更多的“小镇青年”参与直播答题类App，应该是各平台的着力点。

以Android端为例，直播答题App用户使用的手机品牌前五名分别为OPPO、vivo、华为、魅族、三星，其手机价格以1500—4000元的区间为主。手机价格区间分布，间接反映了用户的消费水平，由此可知中等收入人群对此类App兴趣浓厚。

在答题直播间里，高校组团答题成为一个有趣的现象，学生们往往兴高采烈地组团参战，却一次次地被“团灭”。根据个推大数据中心的数据，北京航空航天大学的学生使用此类App的活

跃度最高。在用户活跃度排行前十名的高校中，北京高校占据了绝对优势，且理工科院校明显多于文科院校，其中浙江理工大学作为地方院校“一枝独秀”。

用户最接受的广告形式是冠名商赞助节目。76.6%的用户可以接受直播答题中出现的广告，且对广告整体的接受度较高，因此，此种广告形式有较好的商业化前景。其中广告作为赞助商出现在直播中最能被用户接受，占 48.1%；题目中涉及的广告也被 37.7%的用户接受；主持人口述宣传广告被 32.2%的用户接受。

2. 音乐直播行业用户画像

从性别来看，音乐直播行业女性用户比例偏高，占到 57%，占比超过 50%。

从年龄来看，音乐直播行业的用户以年轻用户为主，57%的用户年龄在 35 岁以下。

从地域来看，音乐直播行业的用户在东部沿海地区分布较为集中，其中广东、江苏、山东为音乐直播用户集中地的排名前三位。而从城市分级来看，用户更多集中在三线及以下城市。

从学历来看，音乐直播行业的用户整体学历较高，具有一定程度的精英化趋势，大专及以上学历占比达到了 96%，初中及以下学历仅仅占总体人数的 1%。

相比整个直播行业，音乐直播行业具有较高的用户黏性。音乐直播用户中，重度黏性用户较多，近八成用户每周至少收听 4 天音乐直播内容。从收听时长来看，70%的用户每日收听时长超过 30 分钟。

音乐直播娱乐属性强，粉丝效应成为主要吸引点。音乐直播的用户付费习惯良好，且有较强的付费习惯。用户与主播之间普遍具有良好的互动关系，用户对主播的认可和信任成为用户持续打赏的重要原因。近年来，音乐直播用户付费意识和付费能力逐渐增强，2019 年第二季度，各音乐直播平台的付费用户大幅增长。以腾讯音乐为例，2019 年第二季度，腾讯音乐营收 59 亿元，同比增长 31%，在线音乐付费用户人数达到了 3100 万。

五、移动用户付费态度和消费意愿分析

（一）用户付费渐成习惯

在移动互联网普及的大背景下，用户需求不断升级，与此同时，移动用户对碎片化的时间需求、高品质化的产品需求和个性化的定制服务需求等不断提高，网络用户愿意为内容进行直接付费成为新的消费趋势。

根据艾媒咨询发布的《2020 年中国知识付费行业运行发展及用户行为调研分析报告》来看，2017 年以来，中国知识付费行业迎来了高速发展的阶段，2019 年中国知识付费市场规模达到 278 亿元，预计 2020 年将突破 392 亿元。2019 年中国知识付费行业用户规模达 3.6 亿，行业市场规模达 278 亿元。

用户付费的方式与移动互联网的发展和在线支付方式的完善密切相关。综合分析付费方式，移动用户内容付费主要存在 5 种模式，分别为悬赏征答（如知识论坛）、阅后赞赏（如微信打赏）、付费订阅（如喜马拉雅课程）、付费看答案、分成模式。

根据《2020 年中国知识付费行业运行发展及用户行为调研分析报告》可知，内容付费的主要群体集中在一、二线城市，以“80 后”和“90 后”为主，86.1%的用户月收入在 5000—25 000

元，是知识付费的潜在消费者。可以看到，“青年”“中高薪”“社交”“一线”等是这一人群的显著化标签，这一用户画像展示了当下内容付费用户的缩影。

（二）从免费到付费：付费产品迎来发展机遇

国内用户为内容付费在经历了音频内容付费、网络文学付费、视频会员付费、游戏内容付费等发展大潮之后，迎来了一个为内容本身付费的浪潮。2016 年被称为知识付费元年，各类付费应用、付费栏目、付费社群纷纷上线，知乎、分答、得到、喜马拉雅等平台开始引爆付费概念风口。

2016 年网络直播市场迎来了真正的爆发期，用户在脱离电脑端后通过移动手机客户端可以观看移动网络直播。手机视频直播成为视频秀场的新兴市场，备受各大直播平台的青睐。《2020 年中国知识付费行业运行发展及用户行为调研分析报告》显示，2020 年新冠肺炎疫情期间，有 63.1％的中国用户购买过知识付费产品。2020 年，随着越来越多的自媒体、内容生产者进入市场，相同领域的内容同质化趋势越来越显现。因此，媒体内容越来越多地向垂直领域渗透。比如，新冠肺炎疫情期间大火的生产健康医疗内容的“丁香医生”、关注女性成长的“点亮妈妈”、面向金融认知的“真知灼见”等进入内容付费领域的自媒体。在全民焦虑之下的新需求被挖掘，新的消费市场被催生，新生产业的生产者和消费者人数迅速增长。此外，需求的细分衍生出更精细的垂直领域，技术算法的智能化推荐、社交渠道和线下场景也逐渐进入网络直播领域，催生新的行业变革。

纵观我国用户不断为内容进行付费的历史，我们发现用户为内容进行付费大致经历了从免费到付费的三个阶段。2010 年之前，免费模式是互联网的通行逻辑，如豆瓣、百度知道、知乎等 UGC 模式的免费知识分享平台，只有少部分平台推广社区使用虚拟币“付费”模式。2011—2015 年，内容付费模式开始逐渐崭露头角。传统数据库推广付费下载模式，微信公众号等自媒体平台陆续推出打赏模式，并逐渐实现迭代升级。2016 年后，几乎每个月都有新内容付费产品出现，其中网络直播中的打赏、加入会员等付费方式普遍得到认同。

（三）用户付费的态度与行为调查

为了对用户付费的态度和行为进行更加全面的了解，了解影响用户付费的因素和内在逻辑，本课题组对用户的付费态度与行为特征进行了问卷调查。问卷调查共发放问卷 315 份，其中有效问卷 302 份，男性受访者占总人数的 46.69%，女性受访者占总人数的 53.31%。对这 302 位用户进行统计发现，年龄在 19—35 岁的用户占了大多数，占总人数的 86.10%。

1. 多数用户愿意为内容进行付费

受访者中，60%的人有过付费经历，由此可见内容付费前景良好。问卷中选择“愿意付费”的有 231 人，占总人数的 76.49%；选择“不愿意付费”的有 71 人，占总人数的 23.51%。这也说明，绝大多数的人愿意为内容付费。同时也应该看到，付费行为与付费意愿之间差距较大，付费的前景仍然具有开发潜力。

2. 用户的付费渠道（平台）比较多元，以社交和知识平台为主

在付费的互联网产品中，57.46%的人对微信公众号进行过打赏，39.78%的人对知乎 Live 进行了付费，30.94%的人对喜马拉雅进行了付费，19.89%的人对得到进行了付费。也就是说，微信公众号打赏人数与知乎 Live、喜马拉雅、得到等产品的付费人数较多。其中微信公众号打赏的行为占比达到 57.46%，是付费人数最多的渠道，这与微信强大的社交性功能及公众号内容先看后付费的模式有关。

3. 用户更愿意为实用性和工具性内容付费

调查问卷中关于付费内容的类型，选择“能提高工作效率或收入的知识/经验”的有 164 人，占总人数的 71.0%；选择“职业/学业选择发展的专业知识”的有 142 人，占总人数的 61.47%；选择“能提高生活质量的方法技能”的有 73 人，占总人数的 31.6%，这说明用户为功利性内容付费的意愿远高于非功利性内容。值得注意的是，选择“业余兴趣爱好相关的内容”的有 94 人，占总人数的 40.7%，比例也较高，说明人们对兴趣爱好的内容关注度也较高。用户的付费意愿说明，用户更愿意为与自我相关联的内容进行付费。

4. 用户的付费能力相对较高

调查问卷中关于为内容花费的金额，选择“月均 50 元以下”的只有 35.5%，也就是说有 64.5%的人愿意每月为内容花费 50 元以上，用户付费能力较强。

5. 人口特征影响付费意愿

调查发现，年龄、学历、性别等都会成为影响移动用户付费意愿的因素。根据调查结果，本课题组总结出以下几条付费人群特征。

第一，年龄越大，付费意愿越低。

通过对付费意愿与年龄进行相关分析，可以看出年龄越大，付费意愿越低。随着用户年龄的增长，其自身对内容的购买也会日益趋于理性。

第二，学历越高，付费意愿越高。

通过对付费意愿与学历进行相关分析，可以发现学历越高，付费意愿越高。

第三，相对而言，男性比女性更乐于为内容付费。

调查发现，男性为内容月均付费 50 元以上的比例为 72.9%，女性为内容月均付费 50 元以上的比例为 57.26%，男性月均付费 50 元以上的比例远高于女性。这说明在内容付费的行为上，男性比女性更乐于支付。

6. 用户付费原因各有倾向

网络直播用户有较强的互动倾向和参与热情，往往与主播有着密切的联系。多数用户观看直播时非常活跃，发言、点亮屏幕和免费打赏主播最为普遍，仅有 12.9%的用户表示不会参与任何互动。在打赏主播方面，40 岁以上的用户免费打赏主播的倾向更高，年轻用户付费打赏意愿更高。陌陌发布的《2019 主播职业报告》显示，33.6%的“95 后”每天看直播超 2 小时，近 8 成用户会为直播付费，“95 后”对主播的职业认可度最高，也更愿意为主播打赏。

在用户打赏方面，年轻用户多倾向于炫耀性打赏，且打赏金额普遍较高，中高龄用户倾向于小额打赏。多数用户打赏主要出于对主播的喜爱和对主播能力的肯定，而年轻用户出于炫耀性目的打赏的概率更高，更愿意追求在打赏榜单中排名靠前，同时也倾向于满足主播讨要礼物的要求。35 岁及以上的用户打赏相对保守，以 100 元以下的小额打赏为主。年纪越小，在直播中付费的次数越多，付费金额也越高。调查显示，82.2%的“95 后”在直播中每月都进行付费，“95 后”中 29.6%的用户月均打赏超过

500 元，21.6%月均打赏 1000 元以上。

（四）用户进行内容付费的原因

1. 优质内容的稀缺和价值凸显

在移动互联网和信息爆炸时代，互联网过载的信息对内容的质量造成了干扰，许多良莠不齐的信息充斥于互联网中，公众要获得优质的内容就要付出较多的时间和选择成本。用户对功利性知识、个性化内容的需求是长期存在的，主流用户相较于价格更注重内容的含金量，这充分说明了打造优质内容，尤其是打造用户所需的优质内容是平台的长期核心方向。付费行为折射出受众对“优质干货”的渴求心态，这也是用内容引领行业发展的需求基础，所以如何能高效快速地在海量的内容里挑拣出自己真正需要的东西就成了用户的关注点。

2. 在线支付手段日益多样和便捷

随着数字网络技术和人工智能产业的不断发展，我国在线支付技术取得了长足的进展，微信支付、支付宝支付等已经融入居民的日常生活。早在 2016 年，我国手机网上支付用户规模已增至 4.69 亿。伴随着微信、支付宝、百度钱包等各种网络在线支付平台的兴起，移动支付渠道愈发成熟，消费者无论是对虚拟产品进行打赏，还是购买具体产品，都更加方便省时，这是知识付费在移动端爆发的基础。

3. 数字资源版权保护日益加强

随着我国的知识产权相关法律日益完善，各项版权有了法律的保护，社会创新的可持续发展有了保障。中国版权保护中心于 2016 年推出了 DCI（Digital Copyright Identifier，数字版权唯一标识符）体系，确保了版权人的版权费收入，建立了高效的维权机制。版权保护工作给内容付费提供了很大保障，知识产品只针对所刊发平台的付费会员进行信息的发放接收，剽窃的成本陡增，用户为内容付费的习惯逐渐养成。对于版权的保护，国家和社会要向大众灌输知识产权意识，使大众形成“以使用盗版为耻”的价值观念，如此一来才能更好地保障知识产权的贯彻落实，付费模式才能够继续发展，而受众才能够源源不断地获取高质量的内容产品。

4. 社群经济的发展和消费习惯的培养

基于移动互联网而形成的社区即为社群，微信、微博等社交媒体的出现，可以让一群有着共同兴趣爱好和追求的人很快聚集在一起，从而形成一个社群，进而发展社群经济。用户的兴趣点随着新媒体的迅猛发展产生了转变，用户逐渐开始养成为自己的兴趣进行付费的习惯。同时，相关数据显示，用户对网络资源的内容形式的偏好也发生了变化，比起图文，用户最乐意看到的是以文字为主、音视频为辅的内容。也就是说，用户消费习惯的改变，不仅表现在对内容由免费向付费方面的改变，还表现在对内容形式接收方式的改变。

（五）网络直播典型付费模式介绍

1. 直播打赏

用户对网络直播进行付费的习惯由来已久，早在 PC 时代，我国国内视频直播产品就已凭借着秀场直播和游戏直播的打赏和送礼物功能尝到了商业甜头。从专业的 PC 秀场直播时代开始，打赏分成即是直播平台最核心的商业模式。之后，泛娱乐移动直播平台继承了这种商业模式，用户可通过绑定银行卡、微信或支付宝等网络支付方式，购买价格不等的虚拟礼物向主播打赏。有直播打赏行为的用户主要集中在年轻化的人群当中。艾媒咨询发布的《2019 Q3 中国在线直播行业发展专题研究报告》显示，2019 年第三季度，中国在线直播青少年用户付费打赏率达到 67.1%，单次打赏 500 元以上的青少年用户竟超过 13.0%。

2. 直播付费

为重大赛事的网络直播视频付费也是典型的直播付费模式。2015 年以来，腾讯先后推出了“NBA 球队通”和“NBA 联盟通”两款收费产品，腾讯体育推出了腾讯体育会员连续包月的活动，在直播功能方面也做了改动，增加了直播竞猜等项目。用户既追求观看高清、高质量的直播比赛，又希望主播对比赛进行解说，并与球迷互动等。而用户通过付费观看直播比赛，不仅可以满足对高质量直播比赛的需求，还可以节约观看高水平比赛的等待时间，获得互动交流和娱乐的情感满足。2020 年，腾讯与英超联盟达成协议，腾讯体育正式成为英超联赛的独家新媒体转播平台。自 2020 年 9 月 19 日起，用户在腾讯体育平台能够观看英超联赛 2020—2021 赛季的剩余 372 场赛事。总而言之，网络直播可以满足用户即时性的视频需要，具有较强的仪式化共享特征，能够很好地满足用户的精神需要。随着网络直播内容价值的不断凸显和在线支付方式的不断普及，用户对网络直播视频进行付费的意愿也越发强烈，直播打赏、付费观看等日渐成为用户为网络直播付费的主要模式。

（六）提升用户付费意愿的对策与建议

内容付费发展至今，呈现出良好的发展态势和光明的发展前景，但其自身也存在许多问题，主要集中在以下四个方面：一是平台内容同质化现象严重，版权保护问题依旧存在。二是名人效应占主导，持续变现艰难。三是内容付费产品成为用户学习的“终点”，学完就脱离该产品；直播变成碎片化的知识传播，提问成为“仪式的表演”。四是数据造假在网络空间肆意生长。以上问题亟待我们解决。

1. 生产优质内容

付费内容的质量是内容付费的核心影响因素。用户对功利性知识、个性化内容的需求是长期存在的，并且大部分用户在面对内容质量与价格高低时，更注重内容，因此，打造优质内容，尤其是用户所需的优质内容是平台的长期核心方向。在现阶段，内容付费领域是依靠“稀缺性”的优质内容来吸引用户的，但是随着越来越多的平台的参与，“稀缺性”的优质内容将转变为“常态性”的优质内容。而在未来，对头部资源的抢夺将成为不同平台之间的核心竞争点。因此，平台要主动生产优质内容，打造自己的头部资源，构建自己的平台竞争力，最终打造自身的品牌产品，形成平台的强大影响力。

2. 提升用户体验

用户对内容进行付费与否与用户即时的情感判断有着紧密的关系。如果用户的正性情感被激发出来，他就会对自己所使用的平台做出奖励性支持，为内容进行付费。相反，如果用户的情绪低落，直播内容就可能唤醒用户的负性情感能量，其就会对平台做出惩罚，不为内容进行付费。平台可以借助智能技术，为用户提供更为优质的全新智能体验。如平台可通过运用先进的传播技术，在游戏、新闻报道等领域，利用大数据进行智能化推荐、VR报道等，让用户获得浸入式、全景化的场景体验。这样既为用户打破了时空的限制，又让用户感受到不一样的感官体验，进而能够提高用户的付费意愿。

3. **强化社交互动**

用户是生活在社群中的社会动物，不是孤立的个人，强化社交互动，对用户的付费行为也有较强的拉动作用。在社交互动中，付费平台可以将付费变成一种象征行为，增进用户之间的社交互动，提高用户的黏性。有用户的地方就有社群，有社群就有互动，社交也就由此产生。内容付费平台不仅仅是一种平台，更是一种载体，是构建用户群体沟通的桥梁，这座“桥”必须有效满足用户对参与感、认同感等情感方面的诉求，进而实现由强社交性所形成的人格化运营模式。

4. **优化支付流程**

内容平台要接入多种类型的支付方式，提升用户支付的便捷性，保障用户在线支付的网络安全。用户为内容付费，在很大程度上是为了节约信息搜寻的时间和精力，提高办公和获取知识的便捷性。如果支付手段烦琐，就会打消用户为内容进行付费的念头。支付宝、微信等移动支付方式的大变革无疑是推动内容付费一个相当重要的技术支持因素。互联网内容付费平台支持多种支付方式、优化支付程序是其发展的一个基本要求。

5. **培养付费习惯**

用户为内容付费的习惯不是一蹴而就的，需要不断培养。平台可以充分发挥明星、意见领袖的影响力，如以罗振宇、李翔为代表的明星、意见领袖拥有大量的粉丝，他们自身在发展过程中就形成了一个个具有影响力的社群。平台可以用“试用内容”打开市场，倡导“先看后付”。在微信打赏功能的数据里，人们最爱为“先观看后付费”的公众号进行打赏付费，这说明“免费试用”“先看后付”的方式不失为一种吸引潜在消费者的方式。总之，内容平台要注重对用户付费习惯的培养，让用户认识到为内容付费的价值，进而创造平台自身的商业价值。

六、小镇青年："异军突起"的直播用户和消费力量

（一）小镇青年的基本画像

"小镇青年"这个词最初诞生在文化领域，后逐渐走进社会大众的视野。一个典型的小镇青年，年龄通常在25—35岁，生活在三线城市，他们没有偿还住房贷款的压力，与一线城市的朋友相比，他们拥有更多的闲暇时间，刷淘宝、微博、微信朋友圈成为必不可少的生活方式，海淘、出境游等也成为生活中重要的调味剂。相较于以前，这些"80后""90后"的小镇青年在收入和受教育程度方面都有一定程度的提升，生活质量较高，并且乐于接受新的生活方式和现代文化，是直播产业未来发展的重要用户群体。

1. 休闲的生活方式

小镇中生活的年轻人不用面对大城市那么激烈的竞争和复杂的职场关系，生活节奏慢，工作压力小，总体的生活状态更为悠闲自如。加之没有大城市通勤交通的痛苦，小镇青年工作之外的休闲时间相对较多，休闲活动也相应较为丰富。作为年轻人，小镇青年同样积极热衷新鲜事物，并且会以大城市的生活为导向，

希望能紧跟潮流风向与时尚前沿，与时代的进步保持同步。小镇青年相对同地区的老年人有较高的文化水平，具有独立思考的意识，很多人是在大城市接受的教育或有在大城市生活的经历，有开阔的眼界和前卫的思想。

2. 相对较高的消费能力

小镇青年工作相对稳定，压力较小，生活成本相对较低，特别是住房的投入相对较少，即使他们的收入水平不是很高，消费能力也很惊人。这些小镇青年大都在大城市接受过高等教育，经历过大城市现代生活方式的洗礼，有前卫的理财观念和消费观念，有着旺盛的消费热情，从餐饮聚会、娱乐休闲、观光旅游到网上消费，小镇青年出手阔绰的程度不亚于大城市青年。扎实的消费实力为小镇青年的发展前景提供了坚实的物质保证。

3. 数字化生活方式

小镇青年已经完成了数字化生活方式的转换。随着智能手机不断提升的性能和不断走低的售价，以及国家电信基础设施的建设发展，智能手机已经是新一代小镇青年的标配，加上比大城市更便宜的移动网络费用，数字化生活成为小镇青年的生活方式。聊 QQ、刷微信、打游戏、看视频，全部都可以通过手机来实现，台式电脑在日常生活中的使用概率也随之下降，这些因素促使小镇青年实现了跨越式的新媒体消费。越来越强大的手机功能已经触及了生活的方方面面，小镇青年闲暇时间多，因此用在手机上的时间也更加充裕，久而久之，手机成瘾在小镇青年身上成为一种普遍现象。

4. 网络直播的“中坚力量”

近年来，直播行业流量下沉趋势明显，直播市场流量由一线城市向二、三、四线城市集中。小镇青年生活方式休闲，生活节奏相对较慢，有更多的时间投入到网络直播和文化娱乐中去。智研咨询发布的《2018—2024年中国网络直播行业市场需求预测及投资前景分析报告》显示，小镇青年观看直播的时间长、付费率高、与主播互动较为频繁。在观看时长超过2个小时的用户中，小镇青年的数量明显高于一、二线城市青年，高出将近2个百分点。从整体来看，小镇青年比一、二线城市青年更容易高额打赏网络主播，打赏金额在1000元以上的用户中，小镇青年占比为1.7%，而一、二线城市青年只有1.4%。

（二）小镇青年的“异军突起”

随着移动互联网的发展，一、二线城市的人口红利逐渐消失，小镇青年逐渐成为品牌商家不遗余力争抢的“新宠”。智研咨询发布的《2020—2026年中国人口老龄化行业市场营销战略及供需形势分析报告》数据显示，2019年中国总人口有14亿，其中城镇人口有8.4亿，城镇化率为60%，预计2030年城镇人口将达到10亿。低线城市人口基数大且增幅很大，三线城市的人口数量达到了一线城市的6倍左右。加上一、二线城市生活成本高、压力大，三、四线城市成为更多人群的新选择，“逃离北上广”成为近几年的一种趋势。

从人口的角度看，三线城市的人口数是一线城市的6倍左右，三线城市总人口增长明显比一、二线城市迅猛，近10年内预期将翻倍增长。从人口基数来说，未来消费升级的重点消费群体，必然在人口规模更大的三、四线城市。

从年龄分布来看，中国25—34岁主力消费人群占据总人口比例高达32.1%，超过世界和亚太地区的平均水平。新的人口结构主导下的消费者群体所受教育情况和成长经历与其上一代人不一样，故形成了与其上辈人大不相同的消费行为习惯。

根据麦肯锡咨询公司的数据预测，未来10年，中国中产阶级及以上占比将大幅度提升，预计2022年会达到81%，这部分新兴中产阶级将为中国消费升级做出最主要的贡献。其中，三、四线城市的中产阶级人数的增幅将大于一、二线城市。

人数多、有时间、敢花钱的小镇青年是未来市场营销的重点关注对象。小镇青年在观影等文化消费方面的强劲势头，影响了众多品牌主对这一群体的态度。OPPO、vivo已提早布局三、四线及以下城市，京东、阿里巴巴、苏宁等电商早已展开“圈地”三、四线城市的运动，甚至一些国际奢侈品巨头也纷纷在低线城市进行战略布局，因为三线及以下城市消费者逐渐成为奢侈品线上消费的重要群体。不少国际奢侈品巨头们在接受采访时都表示，要继续在三、四线城市开店。早在2015年，三至五线城市奢侈品单笔消费金额连续三年均高于一、二线城市。相较于一线城市消费者偏爱包袋等传统奢侈大件，三至五线城市消费者消费品类更丰富，更偏爱腕表和美妆这种单价昂贵的商品。

（三）小镇青年的消费升级

三、四线城市的小镇青年收入已达到消费升级的标准，他们对旅游、外出就餐、医疗等非基础性消费与服务的需求逐渐旺盛。在房产等大宗商品的消费压力相对不大的背景下，三、四线城市居民的消费潜力得到进一步释放。服装、食品、汽车等消费行业的数据也显示，三、四线城市消费升级态势明显，且消费增速快于一、二线城市，三、四线及以下的小城市成为消费新蓝海。比起一、二线的城市青年，小镇青年工作节奏相对较慢、压力小，这种慢生活方式使他们有更为充沛的时间享受休闲生活，追求更高的生活品质，尝试不同的消费方式。

1. 从生存型消费向发展和享受型消费转变

在以前，三、四线城市消费者的可支配收入往往转变成银行存款，并且消费者往往把这些存款用在购置房产、子女教育、养老、医疗等方面。随着家庭财富的累积，相对于上一代人家庭视角下的选择，“80后”“90后”小镇青年更多站在自我视角下，将自己的可支配收入用于休闲娱乐和自我提升的事务中。

2. 从物质型消费向精神型消费转变

在以前，三、四线城市的小镇青年往往将物质需求视为自己消费的根本，物美价廉是其购物的第一选择。如今，这些小镇青年更加注重物质消费背后的精神享受，他们更看重商品背后的文化意义，他们愿意为商品的文化价值买单。从文化消费到泛娱乐消费也体现了小镇青年休闲生活的升级，休闲轻松、消磨时间型的直播内容成为他们的最新偏好。QuestMobile的调查数据显示，在短视频平台有过打赏行为的小镇青年超过小镇青年用户总数的两成，使用在线视频并付费的小镇青年已超过四成。

3. 从模仿式消费到个性化消费

在以前，三、四线城市的小镇青年购买的商品都是一、二线城市流行过后的式样，并且可选择性有限。现在，这些“80后”“90后”的小镇青年个体意识觉醒，他们更加注重消费过程中的价值认同和与众不同，渴望通过消费凸显自身的个性特征。与一、二线城市的青年更依赖网络获取外部消费信息相比，小镇青年更容易接受新鲜事物，且能认识到大城市和小城镇生活的差异。因此，部分小镇青年在消费时会以大城市生活为参照，根据自己的消费能力和社交圈消费特点，选择可以彰显自身个性的产品，并不盲目随波逐流。随着小镇青年生活方式的现代化和消费能力的提升，他们更愿意为有个性的产品买单。

（四）小镇青年的营销机会与困境

小镇青年的营销价值让众多品牌商纷至沓来，但是小镇青年自身的特质及其所处的环境也给营销带来了难题。由于三、四线城市规模小，目标群体范围更为集中，因此产品的口碑效应也更为显著，居民对品质和差异化的要求更高。多年以来，三、四线城市入驻的大品牌的专卖店及大卖场相对于一、二线城市仍有差距，资讯获取渠道相对于大城市较为狭窄，人们普遍习惯于在朋友圈、社交圈内“口口相传”各类资讯。因此，商家针对小镇青年进行营销仍面临不少的难题，针对小镇青年的营销推广更需要注意个体化特征。

1. 市场有待规范，品牌推广难度较大

对于品牌而言，三、四线城市虽然有很大的进入空间，但是市场秩序相比一、二线城市较差，投机取巧打知名品牌擦边球的山寨产品随处可见。如央视“3·15”晚会就曝光红牛饮料、豆本豆、椰树椰汁等产品被山寨的问题。山寨品在包装设计上以假乱真，扰乱消费者视线，而这些产品的生产厂家更是表明这些产品一般销往三、四线及以下城市。“永积大王”“麦肯基”“心胜客”等山寨货无不加大了原品牌在低线市场推广的难度，但同时，这也正是原创知名品牌的机会。随着小镇青年在消费市场的崛起，他们对品牌的认知与选择具有更高的辨识能力，不容易被山寨品牌误导，而且可能会成为各自群体内倡导消费原创品牌的意见领袖。品牌营销者应当重视小镇青年在群体中的作用和影响力，并加以合理利用和引导。

2. 消费理念不成熟，难以培养品牌忠诚度

小镇青年受到收入及自身消费文化的影响，难以快速养成理性健康的品牌消费理念。小镇青年长期处在生活节奏较慢的环境中，一方面受传统文化的影响较大，另一方面舒缓的生活节奏也决定了他们与自己的社交圈子联结得更紧密、信息交流得更频繁，所以群体压力或者说群体示范效应就成为促使小镇青年消费的重要因素。小镇青年猎新猎奇的冲动性消费，使得生产者培育品牌忠诚度、提高用户黏性更难。从“喜茶”到“丧茶”再到“脏脏包”，消费者害怕脱离群体的心理，促使各品牌加快推出新产品的速度，同时产品的生命周期也比以往有所缩短。总之，小镇青年的消费习惯和品牌理念还需要进一步的培养，品牌也要抓住这个机会进行正确的战略布局，从而抢占小镇市场。

3. 消费层级混乱，地区差异明显

三、四线城市数量多、范围广，难以像一、二线城市那样做统一的规划和营销部署。以地级城市划分三、四线城市，其数量高达265个左右；如果加上县级市及县城，这一数量则高达2000个以上；再加上县以下小镇，更是数不胜数。这样一个数量庞大的消费市场必然会存在区域分化和各种差异化。这种地域差异化和分层化会大大加深市场的差异化，简单的市场细分难以对消费者进行有效的洞察，不同地域之间的消费者差异会加大营销的难度，需要营销人员识别多层次多方位的消费需求，针对每一个具体的地域市场做出不同的营销方案，提高营销的精准性和有效性。

第六部分

网络直播产业发展趋势与展望

2006年，美国总统候选人接见选民，人们纷纷拿出手机捕捉两位候选人；2016年，同样是美国总统候选人接见选民，大家纷纷背过身体，为的是将总统候选人和自己放进同一个取景框，方便直播。也许现在探讨直播的商业模式、未来想象和盈利空间还为时尚早，但美国大选现场10年间的对比，却直观地告诉我们，直播正在渗透并改变人们的日常生活。

在网络直播热潮下，越来越多的人群涌入网络直播行业。网络直播平台实时性、互动性和社交性等特征因契合了年轻群体彰显自我个性的心理诉求，故具备了良好的“群众基础”，未来的开掘潜力巨大。虽然我国网络直播尚处于发展初期，但后劲十足。第三方机构艾瑞咨询发布的《2019年中国游戏直播行业研究报告》显示，游戏直播作为网络直播平台的重要类型，成为连接厂商、媒体、用户等各个环节的重要通道。预计到2022年，中国游戏直播用户规模可达3.8亿。第三方机构中商产业研究院的《2018—2023年中国在线直播行业市场前景及投资研究报告》显示，未来秀场直播平台的市场规模将持续增长，到2020年秀场直播的市场规模将达到113.4亿美元，增长率达到21.2%。

与此同时，互联网技术的迭代与创新为网络直播提供了充沛的发展驱动力，也使得网络直播的发展呈现出更多元的发展潜能。网络直播平台未来将呈现出内容更丰富、主播更多样、平台综合性更强等趋势。网络直播平台或将成为未来“两微一端”（微博、微信及新闻客户端）的破局者，成为未来网络生态中的又一匹“黑马”。

一、5G 时代的变化与发展

（一）我国 5G 发展状况

5G 是指第五代移动通信技术，也是最新一代蜂窝移动通信技术，是对 4G 技术的延伸，其峰值理论传输速度比 4G 网络的传输速度快数百倍。

随着 5G 技术标准的不断完善，2017 年 3 月，3GPP（第三代合作伙伴计划）通过 5G 加速提案，旨在大幅提高现有移动网络的性能、灵活性、扩展能力和效率，并且尽可能令 5G 技术在各领域发挥出最大的潜力。2019 年 6 月 6 日，工信部向中国电信、中国移动、中国联通、中国广电发放 5G 商用牌照，意味着中国正式进入 5G 商用元年。

2019 年，我国 5G 商用环境持续完善，标准技术孵化进入全面启动期，产业总体发展迅速，达到世界领先水平。行业内部多方合作加强统筹协调，助推 5G 加速部署。政府全局性把握 5G 技术得到落实。2019 年 1 月，国家发展改革委会同有关部门共同研究制定了《进一步优化供给推动消费平稳增长　促进形成强大国内市场的实施方案（2019 年）》，随后工业和信息化部于 2019 年 6 月正式发放 5G 商用牌照，标志着我国 5G 技术正式开始商用。

同时，政企合力部署5G发展战略。地方政府高度重视5G布局建设，与运营商签订合作协议加速建设实验网，如长三角多地政府与运营商签署了《5G先试先用推动长三角数字经济率先发展战略合作框架协议》。此外，企业合作开展5G网络集约建设。2019年9月，中国联通与中国电信签署《5G网络共建共享框架合作协议书》，从而提升了5G的服务效率与运营效率。

我国5G商用部署全面开展，商业化应用进入实践阶段。我国重点城市5G规模组网建设试点工作有序开展，在多领域实现了诸多成功实践：一是实现了在增强移动宽带场景下的应用，如2019年国庆阅兵运用5G+4K高清直播的方式，世界互联网大会的安监系统运用5G+VR人体成像技术；二是实现了在超高可靠低时延场景下的应用，如2019年3月我国完成首例5G网络远程人体手术，2020年2月新冠肺炎疫情中，武汉火神山医院借助5G技术搭建了“远程医疗系统”；三是实现了在海量机器类通信场景下的应用，如我国智慧城市通过传感器和摄像头构建的“神经网络”实现智能安防与交通管理等。5G技术的融合应用为传统产业数字化、网络化、智能化带来新的机遇，也为技术自身加速商业化提供了正向驱动力。

（二）5G时代下直播行业的改变

相比于4G网络技术，5G网络技术的吞吐量是原有4G网络的1000倍之多，在5G通信网络数据下，网络稳定性显著增强，数据上传和下载可以更加便捷快速，网络可以承载的用户量也得到了显著提升。

5G通信技术所承载的倍增的数据流量，直接从底层技术层面上影响了直播行业的发展走向，海量数据流量使全景化、虚拟化的实时交互直播的实现成为可能，个性化的直播服务逐渐成为直播行业发展的新热点。

基于5G技术，直播行业在表现形式和服务内容上均呈现出更多的发展可能。5G技术对直播行业的影响具体表现在以下几个方面。

一是推动了用户与多直播平台之间的协作，5G自身的高数据传输速度、高数据通信质量融合人工智能、大数据等高新计算机技术，极大程度地提高了直播系统的融合性和高效性。二是5G网络条件有效解决了P2P（peer-to-peer，点对点）直播技术网络带宽、在线人数等多方面的局限性问题，5G技术提升了服务器运行速度，增强了网络性能，保证了视频质量，为P2P直播技术的进一步精化升级带来了完善的底层技术保障。三是视频直播的画质等各方面将迎来较大的提升，依托5G技术，观众可以看到4K、50帧乃至8K超高画质的直播场景。如2020年“创维VR杯”运用“5G＋8K＋VR”直播技术，对开幕式和首站比赛进行了全程直播，为观众带来了高享受的视听盛宴。四是沉浸式的实时体验，5G网络的到来为VR设备的发展和普及提供了技术保障。如2019年在长沙举办的世界计算机大会中展现的“5G＋智能教育”，通过“直播＋VR”的形式让身在福州的老师以立体式的方式投影到学生面前，并进行授课。五是360度全景式的直播使直播的交互性跃升至新的境界，多视角直播下观众可以同时观看并随时切换用户视角，激发更多直播内容的丰富性和可能性。如2019年男乒世界杯采用5G多场景直播，使得观众可以在洞悉全貌与观察细节之间游走自如。六是5G高速网络的覆盖突破了现今网络直播对环境的限制，这使得直播行业有条件实现从“带货”到“带生活方式”的转变。直播形式多样化场景的转向也为直播与公共文化建设、城市形象宣传、扶贫等领域的融合带来了更多的可能性和发展性。丰富的直播场景和直播内容不仅为直播行业的发展带来了新的机遇和突破，也将给用户带来更深层次的获得感和满足感。七是中国的网红经济在发展中迎来了爆发点。2020 年全国 5G 建设布局加快，信息技术的发展给网红经济提供了技术基础，能进一步推动网红经济产业发展。2020 年网红经济将持续扩张，且有望实现更为迅速的发展，成为更多消费者的消费必选项，打开营销市场空间。网红经济的流量变现将成为移动互联网领域最具确定性的成长领域，它代表电商平台、MCN 及网红的共同诉求。

二、前沿传媒技术的介入与驱动

传媒技术在狭义方面主要指利用现有的信息技术对文化产物通过图片、音频、视频、交互展示等方式，进行媒体化保存和展示。广义的传媒技术体系是一个包含了数字化资源采集、信息资源存储、信息资源管理、数字化生产、新媒体传播和媒体消费等新媒体保护和开发全生命周期的媒体共享和服务平台。

随着信息技术的发展，高度精确逼真的传媒技术也相继产生，AR、VR、MR 等新兴传媒技术逐渐走进大众视野。这些现代化的传媒技术主要利用先进的扫描设备，构建更逼真、更真实的传媒环境，从而在更高层面复现其所承载的文化产物的特征。前沿传媒技术与直播的融合焕发了直播行业新的生机，为直播行业更新迭代带来了无限的可能。

（一）AR＋直播

AR＋直播的概念自 2016 年提出后就在全世界范围内得到了广泛的关注与应用。在 2017 年淘宝造物节的直播中，平台为线上观众打造了一个现实与虚拟水乳交融的奇幻场景。AR 镜头下，所有物体都将成为一件携带信息的商品，用户可以随时了解 AR 镜头下的任何物品和人，并与之发生互动。

AR赋能直播改写了传统直播模式，使得高新技术越来越多地服务于大众娱乐、教育、文化等各类直播的形式。随着AR技术的成熟，许多大型直播中融入AR模型，直播内容得到了极大丰富。但AR+直播仍然存在立体感较弱、效果较差的问题。伴随着互联网技术与信息通信技术的发展，AR+直播技术有望在更高技术环境下取得新的突破。

（二）VR+直播

VR是一种提供沉浸感、现场感，改变人类生活方式的高新技术。VR+直播是虚拟现实与直播的结合。VR+直播使各场景内用户的沉浸感和现场感极大增强。

VR与直播的结合促使观看直播的用户从围观者变成参与者，打破了空间与距离的界限。这种新奇的体验方式容易激发用户的兴趣与好奇心，也通过高度沉浸的体验感在一定程度上提高了用户的黏性。

VR+直播与常见的新闻现场直播、大型晚会直播的不同点在于其具备三个特点：全景性、3D性及交互性。VR+直播采用360度全景的拍摄设备捕捉超清晰、多角度的画面，每一帧画面都是一个360度的全景，用户可选择上下左右任意角度，体验逼真的沉浸感。VR+直播跳出了传统平面视频的视角框定，在为用户提供更多选择的同时，也呈现了前所未有的视觉盛宴。

2019年10月1日，联通与央视携手，开展“国庆阅兵+双G（千兆家宽+5G）+VR直播”活动，给观众带来近乎“现场观看”的体验。利用5G网络环境所赋予的优势，VR+直播的方式把现场的“声、光、影”立体化地搬到了荧幕上，观众在“云端”就可以身临其境地感受强烈的视觉体验。

VR 技术如今针对大型商演、运动会、演唱会已经有较为成熟的直播方案，但受制于技术、成本和生态等多方面因素，短时间内在个人直播间还无法普及。在网络信息技术、互联网高新技术的不断攻关、探索下，VR 技术日新月异，个人 VR 直播有望在未来成为触手可及的现实，并将赋予直播行业全新的媒体传播形态。

（三）MR＋直播

MR（Mixed Reality，混合现实）是真实世界和虚拟世界的结合，可产生新的可视化环境，在这一环境当中物理和数字对象共存并实时交互。利用 5G 技术可以实现全息影像与真实物理世界的深度融合，实现现实与虚拟内容共存。MR 这一新型信息传递方式介入直播，意味着新图像将被放置在真实空间中，新图像能够在一定程度上与我们所知的物理世界中的真实事物产生互动。

2020 年 7 月，腾讯看点直播平台在深圳举行“眼见为实——数字直播创新成果发布会”，利用“4D 实景上云技术＋MR 数字直播间”这种特殊的方式为用户带来了 5G 时代下以科技为驱动创新的、极具意义的直播创新产品。这是我国第一次实现以 MR 技术为依托的直播。

2020 年新冠肺炎疫情期间，人们借助数字技术将各类社会关系迁移到线上的数字空间，促进了数字化技术的发展，加速了全社会数字化进程。在此期间，YC 超级消费实验室通过 4D 实景上云技术，解决了线下会展停摆的困局，让会展被搬上“云端”，成为“永不落幕”的展厅。

4D实景上云技术是行业领先的“AI＋4D＋全景建模＋展示一体化”解决方案，这一解决方案能够极速完成实景的高精度三维数字化重建，再集成云计算的技术应用，创新性地融合视频、商城、直播，从而实现“三位一体”的流量营销闭环。前沿传媒技术的介入帮助直播能够顺利进行，使线上线下高度融合、品效合一。

在MR＋直播中，特效依托于最新的媒介技术得以被搬进直播间，直播间不断地变换场景，不停上演酷炫的视觉盛宴，完美地打破了传统直播间的空间限制，使得直播场景生动、活泼、有趣。MR数字直播间是“5G＋AI＋4K＋MR＋直播”的直播辅助解决方案，融合了AI人物识别、运动轨迹跟踪、实时影像处理、电影级绿幕扣像技术等多种高新技术，具有4K高清成像，5G零延时输出，合成内容与真实内容能够实时反应的特点，从而达到实时互动、场景互通、光影融合的效果，为屏幕前的我们带来身临其境的直播效果，假以时日必将成为直播间吸粉神器。

直播融合最新VR、AR、MR、人工智能、数字孪生、人机交互、3D、数字直播等数字技术，有望实现实在物品的全域采集、智能建模和全域展示方案，前沿传媒技术落地在与内容创新结合的领域，能够重构数字营销产业新格局，赋能各行业数字化发展，从而打造以科技为驱动的直播新形态。

三、直播主体的多样性转变

（一）全民直播的狂热趋势

网络热点内容类型多样化的本质是传播内容的多样化。在现代化社会文化和生活发生改变的情况下，受众的接受程度增高，个人思想的开放性与独立性不断提升，更加注重自我价值的追求和展现。基于受众呈现出兴趣多样化的趋势，多种类型的直播主体应运而生，一方面迎合了不同品位受众的需求，另一方面通过提供极具多样性的内容催生了受众更多的兴趣点。

老牌网络红人试水直播成为直播行业中时常发生的现象。直播红人大多有着一技之长，在某个垂直领域达到了较为专业的水平，并形成了自己独特的风格，能够为人们提供日常生活需求的借鉴。近几年，随着视频直播热度的节节攀升，一些老牌的网红或自媒体人纷纷与视频网站合作，尝试利用直播的方式来提升热度，为直播行业带来了新的内容形式与活力。如时尚博主黎贝卡、阿沁等与奢侈品牌联合直播等。

视频平台内的红人也越来越多地尝试“直播＋”的发展方式。楠故是抖音非常受欢迎的声控达人，日常发布声音短视频，受到大众的喜爱，其短视频平均点赞量达50多万。他曾借助直播打造热点话题促成涨粉 150 多万，而他露脸直播的事件登顶了直播当日抖音的热搜第一。除楠故外，像小霸王、祝晓晗、李雪琴等已经在抖音拥有大量粉丝的短视频创作者及其他领域的红人，也纷纷投身于直播领域，并取得了相当不错的成绩。各领域的流量红人进军直播领域的探索已经见效，越来越多的流量红人开始直播并收获了巨大的关注度。直播帮助流量红人提高了社交平台影响力，并使其成为优秀的网络主播。

草根主播通过直播走入大众视野是全民直播中较为普遍的一种现象。互联网赋予了网络用户较为平等的参与权与话语权，直播这一高交互性、低使用门槛的信息传播方式使得不具备流量背景的素人获得了平等的展示舞台。素人直播热度的上涨在一定程度上体现了直播行业自身所具有的机会平等性与用户全覆盖性。

此外，明星参与直播也逐渐成为越来越普遍的社会现象。在高收益、高关注度的吸引下，蔡少芬、杨幂、景甜、邓伦等各领域的新老明星均进行了直播尝试；知名女主持人李湘更公开宣布全职从事直播行业，并在直播行业内取得了较高的流量热度和销售业绩。

（二）主播群体的扩展

如今已经表现出的主播群体的扩展，一方面表现为主播所在地理界限的开拓。主播的分布从基本集中在一线城市，逐渐扩展到分散于各个层级的城市。以快手 App 为代表，其三线城市及以下的用户与直播主体已达到平台用户及直播主体的半数以上，成为一支不容小觑的力量。来自不同地域的主播可在一定程度上帮助网民了解不同地域的文化。

依托于此，乡村及中国本土文化受到了更大量级的关注。但三线及以下城市在网络直播方面仍有较为巨大的开发前景。低线城市和乡村区域内仍然存在许多待发掘的潜力人群和新鲜事物，若能以具有趣味性、交互性的形式呈现在大众的视野中，将会进一步凸显直播这一媒介的桥梁作用，同时促使更多的媒体直播内容出现。

主播群体的扩展还表现为年龄上的差异。全年龄段趋势已在主播群体中出现并且呈现出不同的主体特征。如直播红人“耀杨他姥爷”通过视频形式塑造了一个80岁的东北姥爷形象，展现了老年人在生活中有趣的一面，其抖音粉丝数达1275万。其视频不仅仅是对“姥爷”这一身份的个体呈现，而是对一个群体的刻画，颠覆了老年人给大家的固有印象，老年人也可以有趣可爱。

直播形式的多样拓展了互联网活跃用户的年龄界限，媒体传播不再是年轻人的休闲娱乐，它正逐渐融入各个年龄段的人群中。随着媒体传播的进一步发展，它将覆盖范围更广的用户群体，成为各个年龄段共同的不可缺少的生活方式之一。

在网络直播中，受众与受众、受众与主播是双向实时互动的。主播群体在地理位置及年龄范围上的扩展更能够为受众营造内心的归属感。而受众可接受内容的多元化又能促进网红类型的多样化。

（三）直播产业经济链条逐渐完善

经历了前期流量的缓慢积累，主播类型从初期的明星、网红，发展到现阶段的素人主播，直播主体在一步一步地实现自身内部的结构完善，同时也推动了直播产业内部经济链条的完善。

1. 产业化

直播已经不只是单纯的主播与用户之间的双向关系，其背后的产业链日趋完善，主要包括供应链，直播服务商，主播，渠道平台，用户及运营、营销、数据等其他直播服务商和其他支持服务商。各方相互配合、相互合作共同构成了直播的产业链，各主体间相互关联，互为表里，缺一不可。

2. 多元化

直播本质上是一种传媒工具，能与多种业态相融合。早期的直播以电商售卖、穿搭和美妆为主。随着直播的影响力不断地扩大，其发展趋势逐渐呈现出与各行各业相结合的融合趋势，主要体现在各品类的内容都逐步进入直播间。如之前以销售美妆为主的头部主播、被称为“口红一哥”的李佳琦，他的直播间直播商品的种类也已经扩展到各个领域，涉及食品类、生活类及美妆类。“直播一姐”薇娅更是曾在直播间内宣传、销售过“快舟一号”运载火箭发射服务。除了有目的的直播，面向用户的日常聊天、双向沟通，也进入到直播间。此外，表演类直播、娱乐类直播也受到用户的喜爱与追捧。

3. 供应链整合

直播产业是从流量互联网到产业互联网的一个跃迁。名气越大的主播越有“挟用户以令供应链”的底气，越能推动供应链走向工业 4.0 时代，即智能化时代。互联网时代最大的底气不在于自己的产能，而在于对手头流量的把控。当前主播和品牌方都在尝试整合供应链，而当主播与品牌方协调一致后，品牌方才会倒逼供应链，在供应链层面给出更大的让利空间，从而重新激活流量，实现正向发展。

随着供给侧结构性改革的实施，很多企业已经过渡到供给侧方面的竞争。主播在前端吸引流量，获取流量红利，企业在后端提供稳定的供应链支撑。依托直播的媒介形式，产业供应链呈现出全新的发展形式，具备了更为广阔的发展空间。

四、直播内容的全行业覆盖

从数据来看，直播所面向的对象越来越广。根据智研咨询发布的《2020—2026 年中国网络直播行业市场深度调研及投资前景分析报告》来看，截至 2019 年 6 月，中国网民观看直播的人数增至 4.33 亿，在直播领域，无论是用户规模还是用户的参与度都有着大幅的提升。

随着 5G 时代的来临，移动直播的应用面越来越广泛。截至 2020 年，中国在线视频行业市场规模达到 1566.4 亿元，在线直播的市场商业价值的提高使各个行业、各个领域的人都将视线投入网络直播这一新形式中，网络直播这一形式为内容生产者提供了更多的生产优质内容的可能性。同时，网络直播这一形式的实时互动内在属性，可以拉近内容生产者与用户的距离，从而促使内容生产者提供更加贴合用户实际需求的内容。

直播领域的拓展是直播优势显现的必然结果。近些年来，各种行业纷纷引入网络直播，如电商、旅游、公益、综艺、游戏、教育等和直播的结合使网络内容生产更加丰富和多元。

（一）娱乐行业

直播在娱乐行业的应用极为广泛，尤其是在 2020 年新冠肺炎疫情期间，直播更是成为企业“战役”的一剂良方。2020 年 4 月 21 日，抖音联合巨量引擎发布的《2020 抖音直播数据图谱》显示，在新冠肺炎疫情期间，抖音先后推出联合央视新闻的“云赏樱”活动，以及“卧室演唱会”“欢乐DOU包袱”“超级星播夜”“寻找最美女声”等直播综艺活动，同时美食直播、健身直播也受到了用户的欢迎。值得注意的是，在此期间，美食类直播分享次数增长283%，格外引人注目。

（二）公共领域

直播不仅被广泛应用在娱乐行业，也在公益、公共生活领域引起了广泛的关注。如2020年春节前后的新冠肺炎疫情导致蔬果销售进入了困难期，大量难以储存的新鲜蔬果存在滞销困境，给果农和经销商以沉重打击。西域美农联合武功县政府，在淘宝、京东、天猫、苏宁易购等购物平台开展直播形式的爱心助农活动，仅仅3天，猕猴桃销量就达到5万多斤，这是水果线下零售无法达到的销售额度。根据统计，直播期间，有4万多网友通过网络直播购买西域美农的果蔬，西域美农累计销售额超过145万元。

（三）教育行业

除了直播带货，教育行业也呈现出直播化发展趋势，并且逐渐下沉到二、三线城市，这为优质教育资源的更加合理分配提供了可能。如快手App上的“阿柴哥数学课堂”自媒体，阿柴哥用风格独特、通俗易懂且接地气的教学方法，在简陋的环境中通过直播的方式将数学知识传授给教育资源相对匮乏的学生，让他们可以更加便捷地学习知识。还有各大线上教育平台纷纷转型直播，如学而思网校于2016年初正式宣布从以前的录播模式向“直播＋录播＋辅导老师”模式转型；O2O家教类教育平台疯狂老师宣布将主要资源应用于直播业务上。

（四）旅游行业

旅游行业的营业额通过新冠肺炎疫情和直播这两个突破口实

现了惊人的增长，难以出门的网民可以通过旅游直播轻松地进行云上旅游，足不出户地体验不同地域的风土人情。根据艾媒咨询的数据显示，2020年国内至少有20个城市、1000多家景区开通了线上直播游览服务。就以2020年4月15日携程董事长梁建章在快手App为江苏直播带货为例，该带货直播1小时内就实现了带货2200多万元的佳绩。5月1日，快手App制作的“跟着快手去旅行”短视频的播放量更是达到了5.3亿次。

随着5G时代的到来，各种新兴技术不断发展，各个行业与直播结合的商业模式将会多种多样，未来市场将会通过网络直播的方式挖掘和创新更多的商业模式。

五、网络直播产业正规化：从野蛮生长到规范管理

网络直播的迅猛发展在为市场带来了可观的经济利益的同时也衍生出一系列的乱象，虽然相关部门在网络直播发展初期相继出台了相关法律法规对网络直播不良行为进行规范和打击，但是网络直播产业还是频频曝出经济与社会问题，引发社会关注和讨论。这些问题主要体现在以下几个方面：违法内容难以禁止、侵犯隐私令人担忧、直播中的版权问题亟待解决、未成年人保护问题成为难点等。国家近年来重视整治网络直播环境，加大了监管执法力度，同时行业企业的自我约束和社会公民、媒体的积极监督共同促进了网络直播环境朝着更健康的方向发展。

（一）多维度的法律政策管理

2016—2018年，政府部门根据已有的相关规定，如《互联网文化管理暂行规定》《互联网视听节目服务管理规定》《互联网信息服务管理办法》《互联网新闻信息服务管理规定》《营业性演出管理条例》《营业性演出管理条例实施细则》等，制定专门针对网络直播服务的细则，从资质审查准入，市场各方（包括服务提供商、表演者、用户、监管者）的权责界定，运营方式与技术，

内容审查，监管部门抽查及处罚标准等多个方面对网络直播产业进行规范。

国家相关网络直播管理规范包括实行市场准入制度与登记备案、细化网络直播服务的运营要求、明确网络表演者的法律责任、规范用户行为、对违法网络直播表演者和直播服务提供者进行相应的监管和处罚、实行黑名单制度与信用监管。2020 年中国广告协会制定了《网络直播营销行为规范》，其自 7 月 1 日起实施，重点规范了直播带货行业刷单、虚假宣传等情况，力图从法律和制度上对直播行业进行有力规范，促进网络直播行业持续良性发展。

（二）行业自律规范经营

在政府相关部门出台的管理规定的指导下，行业协会、自律组织也通过制定行业标准与经营规范，开展行业培训，推动企业守法经营。2016 年 4 月 13 日，《北京网络表演（直播）行业自律行动公约》发布，百度、新浪、搜狐、爱奇艺、乐视、优酷、酷我等 20 余家从事网络表演的主要企业承诺加入该公约。该公约从“主播实名认证”“直播房间添加水印”“直播内容存储”“加强对主播的培训及引导”“主播黑名单制度”“平台内部管理制度和内容审核机制”六个方面制定详细的标准。同时，更多更细化的网络直播服务企业与表演者相继加入自律组织。2018 年 6 月 8 日，中国电子商务协会网络直播委员会成立。中国电子商务协会网络直播委员会由中国电子商务协会发起，由企鹅电竞、NOW 直播、迅雷等直播企业及豚首红人、蒙太利奇等网络表演经营者联合参与。中国电子商务协会网络直播委员会将在相关监管部门的指导下，通过行业交流沟通、行业发展研究、行业自律规范制定及热点难点问题探讨等多种形式，对网络直播行业进行全面规范，集合行业力量，弘扬社会主义核心价值观，传播正能量，促进行业健康有序发展。

（三）参与主体自我约束营造健康环境

各大直播平台均出台了各自的直播公约，要求主播严格遵守公约，共同营造绿色健康的直播环境。在公约中，直播平台再次重申了国家相关部门出台的管理规定及严令禁止的行为。此外，直播公约还对内容版权问题、主播广告营销行为、不合规行为、不合规身份、平台打赏产品及具体的惩罚措施做了进一步的规定。

建立并完善内容自审体系是直播平台自律的表现之一。所有的直播平台都被要求配备与服务规模相适应的专业人员，健全信息审核和安全管理、值班巡查、应急处置与技术保障等制度。审查人员需要对直播平台的文字、图片、音频与视频等不同类型的内容，进行全天候的人工审查，工作量非常大，需要耗费大量的时间与精力。此外，一些较为隐蔽的违规直播内容与新出现的违法现象更加大了审查的压力。更为完善的审查体系一方面需要借助更为先进的监测技术，协助相关人员识别违法违规内容，减少人工审查的压力；另一方面需要建立较为完备的审查体系，其中需有专业人士研究违法现象，制定更为细致的判断标准，帮助审查人员快速准确地做出判断。2018 年上半年，国内主要直播平台合计封禁严重违规主播账号 1401 个，关闭直播间 5400 余个，删除短视频 37 万条。

除了自审之外，一些直播平台还开设了举报系统，鼓励媒体、社会民众及平台用户举报平台上违规违法等现象，协助平台更好地治理直播环境。目前，这一举报系统初见成效，一些规模较大的直播平台平均每天能收到大约 2 万条举报信息。然而社会举报也存在着一定的弊端，竞争对手恶意举报、平台对举报信息处理不及时等问题时有发生。想要趋利避害，营造一个和谐健康的网络直播环境，我们还有很长的路要走。

(四) 社会与媒体发挥监督作用

除了政府、行业和企业的管理以外，社会力量的加入也为网络直播市场的规范管理提供了强大的力量。用户可以轻松地通过政府和直播平台开设的举报通道对直播中的不良行为进行举报和投诉。例如，北京市互联网违法和不良信息举报中心就鼓励用户通过电话、邮箱及网站等方式进行举报。直播平台也设置举报机制，用户可以在直播过程中，点击主播头像进入该主播个人页面，点击举报按钮进行举报；也可以在“帮助与反馈”菜单中，与“在线客服”联系，发送截图进行举报。平台在接到用户的举报之后，会派专人调取被举报的直播内容并对其进行核查，如果确认为违法和不良信息，平台方将立即对主播做出处理。

到目前为止，通过从上到下全社会积极参与净化网络环境，共同营造风清气正的网络直播氛围，网络直播进入了从单纯的野蛮生长到规范管理下可持续的健康发展时代。

六、直播行业的持续影响

直播行业，自诞生之初便以其强互动性与直观性，给观众以独特体验。经过几年的发展，直播的强互动性与直观性的媒介特性，也给受众接受信息模式、商业模式、新技术交互模式带来了深远的影响。

（一）直播受众——全场景信息接收新模式

全场景信息接收模式，让新闻报道等更加直观。直播的最大特点，便是实时互动性与直观性，即主播与受众进行即时的互动，主播全面地展现直播场景，而受众在接受信息时，可以大大减少因为媒介的特性（文字的多义与模糊性、视频与照片的后期剪辑）而导致的对直播场景的认知偏差，从而更加全面地还原原有场景。

直播的这一特性，在新闻报道中也被广泛运用。在2020年武汉新冠肺炎疫情严峻的时候，火神山医院急需修建，而全国人民都关心着武汉的抗疫工作与医院的修建进度。此时央视新闻便将直播镜头直面火神山医院修建工地，对医院修建过程进行24小时全程直播。在这次直播中，观众们可以进行实时监工，更重要的是，用直播的方式报道火神山医院修建的过程，可以让观众们更加直观地了解事实，大大避免了在报道中因媒介手段造成的失实问题，也开启了受众全场景信息接收的新模式。

（二）各行业——直播新零售模式

开拓直播新零售模式，可以促进商业模式变革。在新冠肺炎疫情期间，受制于实体运输条件，线下销售转为线上直播销售，因此多数商家开启了对直播销售的探索。而直播也对以往的电子商务模式进行了新的变革，解决了以往的线上购物信息接收片面，缺乏可听性、可触性、可试性、可感性，比线下购物体验差等问题，提供了更加接近真实场景的良好购物氛围，开拓了直播新零售模式。而此种模式也受到了广大直播用户的欢迎。

在综合展现产品、服务、场景的直播新零售模式的背后，代表着未来商业模式会转向对“人”的关注。各个传统行业会更加紧密地与直播相结合，促进线上消费模式的革新，为消费者带来全然不同的消费体验。

（三）AI 主播——交互新模式

2020 年，5G 技术逐渐成熟，人工智能技术也在逐步投入运用，这些新技术开始与直播融合。

5G 技术依靠大容量、低时延、高速率的特点，使得直播时视听效果显著提升，视频清晰度变高，传输更加流畅。同时，其计算能力足以支撑更高传输成本的互动行为，因此在直播中，主播与用户之间的互动更为多样化，除了文字互动，还可以进行语音、视频、动态特效互动等。不仅如此，5G 技术也使得 AR 和

VR技术得以与直播进行融合，可以进行VR直播、全景直播、沉浸式直播的探索。

而人工智能技术也在直播中得以运用，虚拟主播已经在直播中出现。央视的卡通形象萌芽熊曾化身主播，与央视主持人尼格买提一起直播带货。而虚拟主播不仅仅局限于卡通形象，它还可以是AI技术合成的真人形象。2019年9月的淘宝造物节，人工智能技术合成的李佳琦虚拟形象便走进直播间，为用户进行直播。

直播与这些前沿科技的紧密结合，促使更多观众体验到前沿科技，更将助力前沿科技进一步对人机交互新模式进行探索。

七、从N＋直播到直播＋N的融合趋势

直播发展到今天，所承载的内容领域不断拓宽。与此同时，单一领域内部的直播内容也被不断深耕。直播形式的丰富性不断增加，而直播的从业者也进一步专业化，直播技术进一步多样化，直播所带来的影响力和商业价值快速增长。直播逐渐从多种内容与直播相结合的模式（N＋直播）变为以直播为主导的多种内容细分的模式（直播＋N）。而在这种变化中，直播的多元化（从单一类型直播到多元场景直播）、垂直化（从泛娱乐化直播到垂直领域直播）、精细化（从粗放化运营到精细化运营）特点进一步显现。

（一）从单一类型直播到多元场景直播

在过去，手机答题赢现金的直播内容可以快速地掀起热潮，直播也局限在游戏、唱歌等领域。而随着直播平台的普及、用户对直播手段的熟练掌握，人人皆可摇身一变，成为主播，因此直播展现的场景也变得极为丰富：从乡村田间到城市街头，从新闻事件到日全食记录，从美食制作到日常工具制作……更有甚者，在抖音平台上直播打磨抛光笔记本，并获得5万人次的观看。

随着直播进一步发展，用户观看直播的出发点不同，因此对

直播内容的需求也就不同。单一类型的直播不能满足用户在不同场景的需求，因此多元场景的直播产生，其将拓宽直播内容，赋予直播更大的可能性。未来，直播场景将更加丰富多元，做到全领域、多场景覆盖，向人们展示更加丰富的现实生活。

（二）从泛娱乐化直播到垂直领域直播

在以往的直播中，娱乐直播是主流直播形式，从直播答题到直播唱歌，观众带着获取身心愉悦的目的点开直播。然而，泛娱乐化直播经过数年发展，早已进入瓶颈期，存在大量同质化内容，使得用户审美疲劳，因此整体活力大减。而垂直性直播领域仍是流量蓝海，在垂直领域中，用户收看直播带有强烈的获取信息的目的。

疯牛直播是《证券时报》财经传媒集团旗下的财经直播内容社区，是直播＋财经的结合。该直播强调专业的财经内容，专注解读热点财经大事、实时点评股市大盘走势，以其专业性吸引了一批专注财经领域的用户。不仅如此，直播＋教育、直播＋医疗等垂直领域仍处于流量蓝海中，潜在受众广泛。

未来，直播将精准定位于一部分特定人群，他们将直播深耕于某一领域，并加之以专业主播与团队协作。

（三）从粗放化运营到精细化运营

在直播行业发展初期，直播还仅仅局限在个人主播运营或两到三人的小团体运营，而如今，精细化运营成为直播的主流，直播分工团队化变得普遍。在一场销售类直播中，考验的不仅仅是主播的带货能力，其镜头后的产品供应链对接能力、直播内容与宣传策划能力、执行能力等都直接影响到直播的成功与否。

同时，在如今的直播产业中，从业人员进一步专业化，传统媒体也参与到直播中来，赋予了从业人员全新的面貌。在 2020 年 4 月 6 日央视新闻发起的“谢谢你为湖北拼单”公益直播中，央视主持人与网红主播共同参与直播，将专业化的主持与直播融合。在微视播做过的一场多地线下直播活动中，多机位、多背景融合画面都被应用到直播中，使得直播打破一机位的固定模式，给予观众更加全面的视觉感受。在传统媒体与直播进行结合的探索中，传统媒体严肃的专业态度与过硬的实力，给予了直播更大的可能性与更广的展现方式。

因此，在精细化运营的过程中，直播获得了更为丰富的表现手法与专业的运营理念，也拓宽了以往的单一展现模式，在用户体验感、场景丰富性、线上线下融合等方面获得了更多的发展可能性。在未来，直播行业对从事传统媒体内容生产的专业人士的需求会大幅上升，专业化操作与专业化手段将成为助力直播内容升级的重要推手。

后　记

互联网直播自诞生以来便以极为惊人的速度成长，仿佛一夜之间成为街头巷尾热议的话题。借助互联网技术的天然优势，直播的触手伸向现实生活的方方面面，在事实上改变了一部分我们曾经熟悉的行业模式。与此同时，直播产业的多元化格局也迅速形成，直播产业成长为数字化转型时期不容忽视的全新产业力量。

伴随着直播产业内涵要素的不断丰富，产业内部各要素的定义及彼此间的逻辑梳理成为当下学术研究领域的重要关注点。正是在这种问题导向的指引下，笔者结合专业教学领域的思考及对直播产业动态的观察，借由本书做了一次较为全面的解构与梳理，试图从国家经济发展状况的大背景出发，层层剥茧地对直播行业的概貌与分支进行相对完整的阐释，以数据与调研为基础，视案例与理论为依据，从而还原出一个生动形象的直播产业“魔方”。

在可预见的未来，直播产业依然有着极大的发展空间，若保证其持久、良性地作用于社会经济发展和有效地服务于人民群众，除了需要直播行业内部各主体的不懈努力与自省外，还需要学界相关领域的持续探索与研究，从而为直播产业的发展提供强大助力。认知新事物的过程必定是反复且曲折的，而引导一个全新产业的发展更是需要社会群体的智慧担当。希望本书的呈现能够为关注直播产业发展的有识之士提供一定参考依据。

本书的顺利出版，首先感谢中国人民大学艺术学院所提供的研究沃土，学院良好的学术氛围激发了笔者的研究热情。

其次感谢中国人民大学新媒体教研室的各位同仁，笔者许多的新知与感悟正是来自他们日常的教学探讨。

最后还要特别感谢中华文化促进会短视频与直播文化委员会及王国胜老师，在委员会与王老师的支持下才有了让笔者深入研究直播产业的机会。

此外，在本书写作的过程中，中国人民大学艺术学院马好馨、杨皓程、余钰忱、张琪月、杜天舒等同学亦贡献良多。希望在未来直播产业研究的道路上继续与大家携手同行！